Jörg Willems – Ausgefloppt

Jörg Willems

AUSGEFLOPPT

Ultimative Erfolgsstrategien für Loser

Bibliografische Information der Deutschen Nationalbibliothek:

Die Deutsche Nationalbibliothek verzeichnet diese Publikation
in der Deutschen Nationalbibliografie; detaillierte bibliografische Daten sind im Internet über http://dnb.d-nb.de abrufbar.

© 2021 by Jörg Willems, Kleve

Herstellung und Verlag: BoD – Books On Demand,
Norderstedt

ISBN: 9783752606935
Printed in Germany

Inhalt

HAFTUNGSAUSSCHLUSS

VORWORT

So viele Menschen geben auf, bevor sie richtig angefangen haben. Tragisch dabei: Die meisten verharren und erstarren in dieser „Kaninchen-vor-der-Schlange-Haltung". Sie lassen sich lieber fressen als Haken zu schlagen (was Kaninchen ja könnten!) und gefrieren in einer Art Schockstarre. Sie sind die typischen Loser (Verlierer), von denen es leider mehr gibt als Gewinner. Eine chronische Erfolglosigkeit verfolgt sie in Liebe und Beruf, Beziehung und Business. Es floppt sozusagen am laufenden Band.

Dabei wäre es doch so einfach, nur mal den Gewinnern, den Erfolgreichen über die Schultern zu schauen. Dann wüsste man zumindest, dass es auch anders geht. Die Loser haben das Grundprinzip des Lebens nicht verstanden, nämlich aus Niederlagen zu lernen und jeden Misserfolg als neue Chance zu sehen. Also leiden sie weiter und hadern mit ihrem Schicksal. Sie kommen keinen Millimeter weiter und ergehen sich schließlich in Selbstmitleid.

Damit das nicht so sein muss, gibt Ihnen dieses Buch als Problemlöser und Ratgeber nützliche Tipps, wie Sie Ihr Leben grundlegend ändern und endlich in den Griff bekommen. Es ist der erste Schritt, die „Verlierer-Straße" zu verlassen und auf die Erfolgsspur zu wechseln. Sie haben diesen mutigen Schritt getan, gehen Sie nun auch konsequent weiter.

Das Buch ist allein kein Garant für Erfolg im Leben, aber es weist Ihnen mit den enthaltenen Erfolgsstrategien die richtige Richtung, damit es sich in Ihrem Leben endlich ausgefloppt hat!

WARUM WIRD MAN ZUM LOSER?

Weil Menschen immer gleich **Erfolge** sehen wollen, **geben** Sie allzu schnell **auf**. Schon die erste Niederlage haut dem typischen Loser um, ohne dass er mal genau analysiert, warum das denn so ist. Oft nehmen solche Verlierer einen **Misserfolg** gar **persönlich** und fangen auch noch an, an ihrer eigenen Person zu mäkeln. Daraus entwickelt sich dann eine ausgesprochen negative Einstellung zu den eigenen Fähigkeiten. Am Ende verfestigt sich sogar der Gedanke daran, dass man einfach **als Loser geboren** ist – völlig falsch!

Menschen, die so denken, reißen sich immer tiefer in eine negative Lebenseinstellung hinein. Und Sie wissen ja: Wer immer nur negativ denkt, dem passiert es dann auch. Dem positiv eingestellten Menschen gelingt schon deswegen mehr, weil er grundsätzlich annimmt, dass ihm auch etwas gelingt. Er geht **unbefangen** an die Dinge heran und **nicht verkrampft**. Verlierer dagegen verfestigen sich mit der Zeit in ihrer Mentalität, die sich dann fortentwickelt, ja potenziert. „Mir gelingt sowieso nichts, also fange ich auch erst gar nicht an!" So geht´s ihnen dann auch; sie verlässt jeder Mut, bevor sie es überhaupt wagen.

Gerade wer selbstständig ist, muss sich auf **Rückschläge** einstellen. Da ändert sich täglich etwas und der **Misserfolg gehört zum Geschäft**. Wer da nicht Standvermögen hat, gerät schnell auf die schiefe Bahn. Das ist wie mit einem Haustür-Verkäufer. Der handelt sich täglich zig **Absagen** ein. Wenn er das persönlich nehmen und an sich selbst zweifeln würde, müsste er schnell die Brocken hinwerfen. Gerade als **Verkäufer** hat man viel einzustecken, sonst macht man keine Geschäfte. Oder nehmen Sie die **Propagandisten** in den Fußgängerzonen, die Putztücher und Reinigungsmittel anpreisen, oder den **Fischverkäufer** auf dem Wochenmarkt: Wenn die nach den ersten Absagen frustriert wären, könnten sie gleich ihren Stand einpacken und nach Hause gehen. Nein, diese Profis fragen sich sofort: „Warum hat der Kunde bei meiner genialen Ansprache nicht zugeschlagen?" – Richtig: Meine Werbung war wohl doch nicht so genial, also muss sie beim nächsten Mal besser werden.

Loser packen dagegen ein und ziehen sich in ihren Schmollwinkel zurück. Da machen Sie zwar keine Geschäfte, haben aber einen Grund gefunden, warum es nicht klappt. Als mein Sohn zwölf Jahre alt war und in seine Trotzphase kam, flippte er einmal ganz heftig aus und bekam einen cholerischen Anfall, schrie und tobte. Ich fragte ihn, warum er so aus der Haut fährt. „Von wem hab' ich das wohl", verblüffte er mich. – „Gut", antwortete ich, „und hilft es Dir jetzt weiter?" - Natürlich nicht, keinen Millimeter. „Fang endlich an, etwas zu ändern und an Dir zu arbeiten; denn einen **Schuldigen** auszumachen, ist vielleicht im Moment für Deine Psyche beruhigend und sehr einfach, hilft Dir aber auch nicht weiter. Du bleibst in Deinem Dilemma stecken!"

So ähnlich ergeht es frustrierten Losern. Sie ziehen sich zurück, hadern mit ihrem Schicksal und kommen aus dieser dunklen Ecke nicht mehr raus. Sie geben die Schuld vor allem anderen. Man müsste sie ans Händchen nehmen und sie auf die Erfolgsspur führen. Aber wie sagt man so schön: Kinder, die sich die Hände verbrennen, lernen erst aus eigener **Erfahrung**, dass Feuer gefährlich ist. Loser stehen leider nicht auf, wenn sie hingefallen sind. Das ist ihr ganz persönliches Schicksal. Und noch eins sollte man sich zu Herzen nehmen, was ein berühmter Welttorwart im Fußball mal so formulierte: Wer **nie erfahren** hat **zu verlieren**, kann auch **nicht richtig gewinnen**.

Noch eins zeichnet die Loser aus: Fast alle Gescheiterten wechseln zunächst in den so genannten **Hass-Modus** und verschwenden damit ihre Zeit: Hass auf sich selbst, auf die anderen (vermeintlichen Schuldigen), Hass auf die Umstände, die zum Scheitern führten, und Hass auf den Schmerz, den er verursacht. Leider ist es schwierig, diese Todeszone zu verlassen, und auch Gegenmaßnahmen wie „Aus Fehlern lernen" helfen da zunächst wenig. Es gibt inzwischen sogar **Scheiter-Spezialisten**, Trainer, die Loser wiederaufrichten, indem sie ihnen beispielsweise **Diskussionsrunden** anbieten. Dort können alle Gescheiterten miteinander kommunizieren; dabei aber sollen sie ihren Blick **nicht** auf die **Schuldfrage** richten, sondern auf sich selbst. Damit erreichen die Spezialisten eine **gesteigerte Selbstreflexion** des Einzelnen und auch der Gruppe insgesamt. Das jedoch erfordert mehr **Offenheit** und vor allem **Mut** als üblicherweise bei den Verlierern vorhanden ist. Man muss eben genauer und nachdenklicher hinschauen – ohne daraus gleich klare Lektionen fürs Leben zu bilden. Erstaunliches haben dabei Krisenforscher festgestellt: Bei solchen Selbstreflexionen spielt schnell der auslösende Fehler kaum noch eine Rolle. **Scheitern** zu **lernen** bedeutet auch, **negative Gefühle zu verarbeiten** – selbst bei sonst coolen Managern. Oft ist es eine besondere – auch emotionale – Verbindung zum Projekt, zur Firma, was das Scheitern wie den **Verlust eines geliebten Menschen** erscheinen lässt. Und wie es dabei üblich ist, muss man erst mal diese harte

Zeit der Trauer verarbeiten – ohne geht gar nicht. Denn sonst blockieren einfach die Emotionen alles. So gesehen **lernt man sich zuallererst anhand von Fehlern selbst besser kennen** (man lernt also nicht aus Fehlern!). Die Niederlage veranlasst einen, sich mit sich selbst mehr zu beschäftigen, seine Ziele künftig genauer zu fassen – auch auf Tuchfühlung mit anderen zu gehen. Insofern muss man seine **Fehler** schon genau **analysieren**, sich gründlicher mit den Verhältnissen und mit sich beschäftigen.

Gegen alle Erwartungen gibt es **zum Scheitern keine etablierte Wissenschaft**, keine Philosophie, keine Soziologie, allenfalls Ergebnisse einzelner **Studien und Gedanken** dazu. **Scheitern** ist **wissenschaftlich** gesehen auch **öde**, weil es eben **allgegenwärtig** ist.

Eine Randnotiz zum Thema Loser ist jedenfalls interessant: Moderne große Unternehmen **testen** fast alle **Verbesserungsvorschläge** für ihre **Webseiten** in so genannten **A/B-Tests**. Dabei zeigen diese Firmen zufällig ausgesuchten Usern Neuerungen und messen dann, ob diese häufiger geklickt oder intensiver genutzt werden als bisherige Seiten. Ein verblüffendes Ergebnis: Rund **90 Prozent** aller **neuen Ideen sind schlechter** als das, was es vorher schon gab. Daraus leitet sich die schreckliche Erkenntnis ab, dass es **verdammt schwierig** ist, eine **gute Idee** zu haben – verdammt leicht, sich das Gegenteil einzureden. **Leider** ziehen die meisten Menschen daraus die **(falsche) Konsequenz**, **keine Experimente** zu wagen. Einfach das wiederholen, was sich bewährt hat – also beharrungsfreudig und konservativ (bewahrend). Man kann natürlich auch einen anderen Schluss daraus ziehen: Wenn wirklich **so wenig**

klappt, müssen wir doch gerade umso **mehr ausprobieren!** Finden die Tests dann aber nicht unter den kontrollierten Bedingungen von A/B-Tests statt, sind es eben keine Experimente, sondern nur schwer zu durchdringendes **Chaos**, und das wiederum ist meist die **Ursache für den Misserfolg**.

Man nennt ein solches **Durcheinander** auch einfach **LEBEN**. Und das **steckt** wiederum **voller Scheitern** – es ist wie gesagt allgegenwärtig. **Scheitern lässt sich so schwer vom Erfolg unterscheiden**, und das ist sehr gemein! So hat man beispielsweise bei der **Analyse von Organisationen** festgestellt, wie viele von ihnen **erfolgreich scheitern** – einen funktionalen Dilettantismus bescheinigt man ihnen. Der sorgt zumindest dafür, dass sie selbst gut florieren, während sie ihr Ziel verfehlen – Beispiel Entwicklungshilfe. Denn nur wenige Institutionen können belegen, dass sie das Elend in der Welt beseitigen oder auch nur lindern. Paradox: Genau deswegen werden sie weiter gebraucht und auch unterstützt. So erreichen sie ihr Ziel zu überleben, aber nicht ihr eigentliches, nämlich zu entwickeln. In der Finanzkrise sprach man von den **systemrelevanten Banken**, die nicht scheitern dürfen – „**too big to fail**" – bis hin zum **Beinahe-Bankrott des ganzen Systems**. Der Kapitalismus funktioniert gerade deswegen, weil ständig Unternehmen scheitern.

Es gibt auch eine **erschreckende Verzahnung von Scheitern und Erfolg**, von Niederlage und Sieg, Scharlatanerie und Ruhm. Nimmt man nur einmal berühmte Personen der Geschichte, stößt man schon an seine Grenzen: **War Jesus Sieger oder Verlierer?** Der zu Lebzeiten unglückliche und erfolglose Maler van Gogh Sieger oder Verlierer? Und Kafka, ähnlich erfolglos und unglücklich, wird von manchen dagegen als Sieger eingestuft. Schaut man sich die Reihe der Berühmten weiter an, so haben Genies und Heilige, Scharlatane und Glücksritter, Säufer und Krüppel, Besessene, Phantasten und Verbrecher, Schizophrene und von Verfolgungswahn Gejagte dicken Ruhm eingesackt. Selbst Fachleuten wie Journalisten fällt es mitunter schwer, **Sieger und Verlierer auseinanderzuhalten**.

Die Philosophie des Scheiterns gibt es leider nicht. Eigentlich müssten doch Leute, die immer wieder scheitern, irgendwann **ermatten**, weil die Kraft zu einem erneuten Versuch fehlt. Nichts davon wie van Gogh oder Kafka beweisen. Woher nahmen sie die **Kraft für ein immerwährendes Scheitern**? Es muss also irgendeine Form von **Manie** sein – wie die Spielsucht zum Beispiel bei Computerspielen. Millionen von Menschen spielen täglich und vier Fünftel von ihnen verlieren ständig oder erreichen nicht den nächsten Level. **Besessenheit und Vision** hatten auch gescheiterte Existenzen, und das machte sie ausdauernd. Keine Niederlage kann sie erschüttern – angestachelt von Idealen, die sie nicht verraten wollen. Und genau hier schließt sich der Kreis zum **modernen Selbstbild: Ziele setzen, kämpfen und nie aufgeben**. Aber nur für hartnäckige Loser, nicht für die meisten, über die wir hier reden (dazu später mehr). Es gibt wie gesagt auch visionäre Loser, allerdings ist das eher die Ausnahme.

SIEG UND NIEDERLAGE SIND RELATIV

Jeder **definiert** für sich den **Schmerzgrad seiner persönlichen Niederlage und seines Sieges** ganz anders. Was ist Glück und was Pech? Nehmen wir nur das Märchen vom „**Hans im Glück**"- von den Gebrüdern Grimm 1818 aufgeschrieben. In der Meinung vieler ist hier **Hans der Pechvogel per exellance**. Hans schuftet sieben Jahre lang in der Ferne weit weg von seiner Mutter und bekommt am Ende zur Belohnung einen schweren Goldklumpen von seinem Meister geschenkt, so groß wie sein Kopf. Hans muss also sehr erfolgreich gewesen sein. Doch Hans hat **keine Freude** daran, denn er spürt nur das **schwere Gewicht**, das er mit sich schleppt. Wir verkürzen das Märchen hier:

Hans tauscht freudig den Goldklumpen bei einem Reiter gegen dessen Pferd ein. Bei jedem Tausch, der nun folgt, **verliert Hans** immer mehr. Denn das Pferd wirft Hans ab, tauscht es beim nächsten Bauern gegen eine Kuh, die ihn vor den Kopf tritt; er gibt die Kuh schließlich für ein Schwein her, bis ihm jemand einredet, das Schwein sei gestohlen. Hans ist froh, als er es gegen eine Gans tauschen kann, die er schließlich gegen einen schadhaften Schleifstein hergibt, der ihm am Ende auch noch in den Brunnen fällt. Nach jedem Tausch preist Hans sogar sein Glück gen Himmel: „**Herz, was verlangst Du mehr – Ich bin in einer Glückshaut geboren**!" Er dankte am Ende mit Tränen in den Augen sogar Gott, dass er ihn von seiner Last befreit hat. Und so kehrt er **heim zu seiner Mutter** – im wahrsten Sinne des Wortes unbeschwert. Eigentlich erzählt Hans im Glück nur vom **Scheitern**, doch für ihn selbst ist es eine reine **Erfolgsgeschichte**. Er hat eine **Mutter, die auf ihn wartet** und ihn freudig wiederaufnimmt. Wie beschämt müssen wir alle sein, die nur in ökonomischen Kategorien denken, denn **Hans lacht zuletzt am besten**, uns dagegen bleibt das Lachen im Halse stecken. Warum ist das so?

Hans hat ein **anderes Erfolgsmodell – sein Wertesystem ist nämlich verrückt**, denn scheinbar Wertloses ist ihm kostbar. Wissen Sie, an was das erinnert? Ein kleines Kind mit einem völlig zerzausten Teddybären bekommt einen wunderbaren neuen geschenkt, der sehr teuer war. Was macht das Kind? Ja es lutscht weiter an seinem alten, schäbigen, zerzausten Teddybären, aus dem schon die Holzwolle raus lugt, und lässt das neue, teure Modell achtlos in der Ecke liegen. Der alte Teddy ist so wertvoll, hat so viele Geschichten gehört und Nächte mit dem Kind verbracht, dass es ihn nicht mehr missen möchte. Wir würden doch bei Hans denken, das Gold sei Fundament für die Zukunft, für Haus, Familie, Kinder und eigenes Geschäft.

Hans hat **andere Werte**, erfolgreich und reich gehören für ihn nicht zusammen. Denn **Hans ist seine Mutter wichtiger**; er hat eine **stabile Beziehung**, hat jemanden, der auf ihn wartet, jemanden, den **er liebt und der ihn liebt**. So gesehen hängt Erfolg von der Beschaffenheit des Ziels ab. Es scheint für Hans das einzige, was ihm etwas wert ist – das macht ihn frei von allem anderen, von jedem unnützen Ballast, selbst wenn es ein Lottogewinn (Goldklumpen) ist. Hans bringt seiner Mutter keine materiellen Güter heim, sondern sich selbst, gesund und fröhlich. Am Ende ruft Hans laut: „**Alles, was ich wünsche, trifft mir ein, wie einem Sonntagskind!**" Denn die Weisheit des Hans im Glück ist die Weisheit des **Sonntags**: Sechs Tage lang sollt Ihr schaffen und am siebten dürft Ihr ruhen und Euch daran erinnern, dass Ihr selbst einen Lebenswert habt, den Ihr Euch nicht erst verdienen müsst und auch gar nicht könnt. Hans muss nichts nach Hause bringen, muss nichts leisten – Ich darf leben, so wie ich bin. Ich werde geliebt, weil es mich gibt (Wie schön, dass Du geboren bist!). Man kann Hans mit nichts bestechen, und er trägt den Sonntag in sich; das ist sein Glück und Erfolg. Man muss sich um Hans keine Sorgen machen, er ist ein **gesegneter Mensch**.

Sie sehen, wir haben hier verrückte Welten. Glück und Unglück, Sieg und Niederlage sind sehr **relative Begriffe** und haben völlig unterschiedliche Bedeutungen aus der jeweiligen Sicht ihrer Betrachter.

Ein **ganz anderes Beispiel** ist das von **Millionen Computerspielern** täglich, die zu 90 Prozent nicht das nächste Level erreichen und trotz Niederlage verbissen weiterspielen. Hier scheint die **Niederlage** geradezu die bestimmende **Motivation** zu sein, es trotzdem noch mal zu versuchen. Eigentlich müssten jeden Tag Millionen von Spielern weltweit frustriert aufgeben, doch die **Niederlage scheint Droge** zu sein. Immer wieder versuchen Spieler im Internet, ihren Computer auszutricksen, und den wenigsten gelingt es. Finnische Forscher sprechen hier gar von der Energie des Scheiterns. Spieler erleben dagegen einen wahren Glücksflash, spielen sie sich auf ein neues Level hervor. Spielergruppen tun sich zusammen und kämpfen unter Anleitung eines "Leaders" gegen andere Gruppen, teils geht es dabei auch um Internetgeld (z.B. virtuelles Geld wie Bitcoins).

Forscher haben festgestellt, dass dieser Glücksrausch noch viel intensiver ist, wenn Spieler scheitern, wenn sie Fehler machen und den Monkey wieder ins All schießen und von vorne starten dürfen. Scheitern und kein Frust? Das widerspricht jeder Psychologie. Entscheidend für das High in der Niederlage ist die Art und Weise des Scheiterns. Der Affe stirbt eben nicht einfach, sondern explodiert wirbelnd und jaulend in sein elektronisches Grab. Der spektakuläre Abgang ist eine Ovation an die Spielkunst der Akteure und ist ein Erfolgserlebnis in der Niederlage. Das vermittelt den Spielern das Gefühl, ein solches Spiel auch gewinnen zu können. Gescheiterte Spieler erweisen sich deshalb als besonders motiviert und optimistisch. Man kann es Selbstbetrug nennen. Die Forscher definierten daraus, unter welchen Bedingungen wir das Scheitern zu lieben beginnen: wenn es von einem System aus Regeln und Werten umgeben ist, die ein Gefühl von Beherrschbarkeit vermitteln. Das können Spielregeln sein, die gemeinsamen Werte einer Firma oder die eigene Idee vom guten Leben. Wichtig dabei ist, im Spiel zu bleiben und zu wissen: Der Kampf geht weiter, das Leben geht weiter. Scheitern ist dann nicht nur Vorstufe des Erfolgs, es führt uns an die Grenzen unserer Möglichkeiten – dorthin, wo wir am lebendigsten sind, als Monkey, Mensch, Spieler oder Hans im Glück.

WELCHES PECH VERFOLGT EINEN DENN ÜBERHAUPT?

Was ist überhaupt **Pech**? Mancher definiert schon einen Tritt in den Hundehaufen als Pech, obwohl das doch gerade Glück bringen soll. Sie sehen also, Pech ist reine, **individuelle Definition**. Und was ist nun wirkliches Pech? Man hat die praktische Führerscheinprüfung vergeigt und muss in die Verlängerung. Ist das Pech oder vielleicht Faulheit, Nervosität, Prüfungsangst, Unvermögen? Hat man wirklich genug geübt oder vielleicht doch nicht?

Wir schieben gerne schnell Ungeschick und Niederlagen dem Pech zu, weil Pech ja auch nicht so leicht unter Kontrolle zu bringen ist, sondern einem mehr oder weniger zufällt, passiert. Ausgesprochenes Pech hat dagegen derjenige, dem die Tasse aus der Hand fällt, der sich beim Dinner bekleckert, auf einer Bananenschale ausrutscht und sich die Knochen bricht. Pech wird leicht auch mit dem arabischen **Kismet** gleichgesetzt, Schicksal also. Es passiert halt, Achseln zucken und durch. Die Pechsträhne verfolgt jemanden, dem ständig die Tasse aus der Hand fällt. Der sollte das mal hinterfragen, ob nicht eine Nervenschwäche in den Händen Ursache ist und zu Sekundenaussetzern führt, wo die Kraft plötzlich wegbleibt. Und dann gibt es die Kandidaten, die quasi das Pech **herbeisehnen**. Die fühlen sich so sehr vom Pech verfolgt, dass sie es schon magisch anziehen.

Wie sagten wir bereits weiter oben: Wer immer nur das Negative erwartet, dem wird es auch garantiert passieren. **Selbsterkenntnis** ist ein gutes Mittel, Pech nicht mit eigenen Fehlern oder Fehltritten zu verwechseln. Allzu leicht schieben wir einer imaginären Kraft da oben eigenes Unvermögen zu. **Analysieren Sie Ihr Pech** ganz genau. Vielleicht sind es ja eigene Unzulänglichkeiten, die Sie leicht selbst abstellen, indem Sie vorsichtiger sind. Die Bananenschale können Sie umgehen, den Hundehaufen auch, wenn Sie etwas achtsamer schauen, wohin Sie treten. Wenn ihnen in der Fahrprüfung jemand ins Auto fährt, obwohl Sie vorschriftsmäßig gefahren sind, ist das wirklich Pech. Hoffen Sie darauf, dass es der Prüfer genauso sieht. Offensichtliches Pech hat auch immer einen Bonus. Sie treffen auf Verständnis Ihrer Mitmenschen.

Es gibt so viel Pech: der entgangene Lottogewinn, das verlorene Fußballspiel – Pech im Spiel, Glück in der Liebe - die Pech-Marie aus dem Märchen, die buchstäblich mit Pech übergossen wird, der Pechvogel schlechthin, Pech in der Beziehung, Pech mit den missratenen Kindern, Pech im Job, Pech beim Einkauf (weil es anderswo billiger war oder das Produkt nicht hielt, was es versprach), Pech mit der Gesundheit und so weiter. Ist das alles wirkliches Pech? Wenn wir mal ehrlich sind, kann man alles auch anderen Faktoren zuordnen. Also Vorsicht mit dem Pech!

Wie Sie Ihre Einstellung ändern

Wir sehen **Niederlagen** als etwas **ganz Schlimmes** und begreifen nicht die **Chance**, die in jedem Verlieren steckt. Menschen verfallen in Schock-Starre, statt klar zu analysieren. Offensichtlich setzt im Angesicht des Verlierens jedes logische, analytische Denken aus. Noch schlimmer: Niederlagen verleiten uns spontan zu hektischem Aktionismus, und dann passieren gerade **kapitale Fehler**. Hier ist der Ansatz: Es muss sich etwas in Ihrem **Kopf ändern**; Ihre **Einstellung zur Niederlage muss positiv** besetzt werden. Schöpfen Sie **Kraft aus dem Verlieren** – das mag jetzt erstaunlich klingen, ist es aber nicht. Allerdings müssen Sie dafür aber auch etwas unternehmen, nämlich Ihren Fehlschritt genau analysieren. Was habe ich falsch gemacht, warum ist es dazu gekommen und was muss ich besser machen, damit es mir nicht noch einmal passiert? Aus Fehlern lernen, heißt es so schön – und dann gewinnen. Es kann manchmal sogar sein, dass Sie es dreimal versuchen müssen, damit es beim vierten Mal wirklich klappt. Und jetzt setzen wir noch einen drauf: **Planen Sie Niederlagen fest ein!** Ja, Sie haben richtig gelesen. Aber begreifen Sie sie als **Chancen**, denn sie **weisen** Ihnen **den Weg zum Erfolg**. Legen Sie das Negative der Niederlage ab, denn sie ist genau Teil des Erfolges. Wenn Sie das verinnerlicht haben, verliert sie den Schrecken. Keine Angst mehr, sondern munter weiter.

Natürlich fällt es den meisten Menschen zunächst schwer, so zu denken. Man muss sich schon ein gewisses dickes Fell zu legen, cool sein, lässig, nicht immer gleich in Panik geraten. Und man kann es auch nicht gleich auf Knopfdruck hinbekommen. Auch hier gilt: **Training** ist alles. Und das beginnt damit, dass Sie alte

Verhaltensmuster verlassen, Ihr **Unterbewusstsein umprogrammieren**. Denn Sie denken traditionell instinktiv „Niederlage = schlecht". Bis Sie das erst mal aus Ihrem Kopf raushaben, braucht es Zeit – ja, manchmal ist dafür eine **Eigen-Gehirnwäsche** notwendig. Klingt jetzt brutal, ist es aber nicht. Nur etwas konsequentes Training in Richtung „Niederlage ist gut". Man kann sein Unterbewusstsein durch **Autosuggestion** umpolen – von negativ auf positiv, einfach gesagt. Nämlich, indem Sie sich tausendmal **positive Sätze (Formeln) einreden**, am besten laut. Gehen Sie in den Wald (oder sagen Sie es sich selbst im Stillen) und schreien Sie heraus: „Die Niederlage ist gut, daraus schöpfe ich Kraft" - „Verlieren ist eine neue Chance" – „Die Niederlage ist fest eingeplant, damit ich es besser schaffe" – „Ich liebe Niederlagen, weil sie mich so stark machen" und so weiter. Reden Sie sich diese Formeln eine Viertelstunde lang täglich (mindestens!) ein, vielleicht auch länger. Halten Sie sich solche Sätze immer bereit, wenn Sie mal wieder negative Gedanken über das Verlieren befallen. Dann halten Sie dagegen.

DEN GEWINNERN ÜBER DIE SCHULTERN SCHAUEN

Schauen Sie doch einfach mal den Gewinnern über die Schultern. **Wie** haben es denn die Tennis- und Fußballstars, der Welttorhüter oder Wimbledonsieger **geschafft?** Börsengurus und Milliardäre, erfolgreiche Politiker und Film- oder Rockstars, sie alle haben auch mal **klein angefangen** – nicht, weil sie ständig an ihren Zielen zweifelten oder Niederlagen als den Weltuntergang hinnahmen. Hätte der Erfinder der Glühbirne, Edison, nach so vielen erfolglosen Versuchen aufgegeben, säßen wir vielleicht heute noch vor unseren Kerzen. Auch nachdem seine Werkstatt in die Luft geflogen ist, hat er beharrlich weitergemacht, weil er von seinen Visionen überzeugt war. **„Ich war deswegen so erfolgreich, weil ich tausende Mal gescheitert bin"**, sagte Edison. Van Gogh hat zwar zu seinen eigenen Lebzeiten nicht vom genialen Erfolg seiner Bilder profitiert, aber er war davon überzeugt, dass sie mal wertvoll sein könnten; die Zeit war damals einfach für seinen Stil noch nicht reif.

Auch Autobauer wie Henry Ford oder Gottlieb Daimler haben immer wieder Niederlagen einstecken müssen. **Jede Zeit** hat ihre **eigenen Pioniere** hervorgebracht. Heute sind es die **Internet-Visionäre**, die mit **sozialen Netzwerken**, Datenbanken und Suchmaschinen Milliarden machen. Sie haben ganz klein angefangen, teils in Vaters Autogarage oder auf Mutters Dachboden. Schaut man mal genauer hin, dann findet man Erstaunliches heraus: Der Tennisstar von einst hatte einen cleveren **Förderer**, der tief in die Tasche griff, weil er spürte, dass mit ihm irgendwann mal viel Kohle zu machen ist – und er hatte recht. Manchmal muss auch etwas Glück haben und auf potente Sponsoren treffen, die einem vertrauen.

Oder nehmen Sie den Welttorwart im Fußball, dessen Vater Trainer einer Provinzmannschaft war. Das aber reichte schon, um das Feuer in dem jungen Knirps zu entfachen, der sich dann einen Plan zurechtlegte: bester Knabentorwart, in der Jugendmannschaft Nummer eins, dann zu den Amateuren und schließlich in die Bundesliga – von dort natürlich zum deutschen Spitzenverein. Wer sich so seine **Ziele einteilt** und sie – natürlich auch mit Rückschlägen – schafft, hat ein klares Konzept. **Step by step** heißt die Formel; man darf sich nicht übernehmen. Man braucht **überschaubare Etappen**, die einen, sofern man sie geschafft hat, wiederaufbauen. Daran scheitern übrigens die meisten. Sie nehmen sich nämlich **zu viel auf einmal** vor, was natürlich nicht klappt. Die Niederlage ist abzusehen, was die meisten zum Aufgeben bringt. Hätte die Tennisspielerin ihr Racket nach der ersten Niederlage in die Ecke geworfen, wäre sie nie die Nummer eins geworden. Oder nehmen Sie den Formel 1-Rennfahrer: Hätte der nach dem ersten Crash aufgegeben, hätte er nie den Weltmeistertitel geworden.

Natürlich sind **Erfolgsmuster heute anders** als vor 20 oder 50 Jahren, weil wir ganz andere Möglichkeiten haben – durch Internet, weltweite sekundenschnelle Kommunikation, Computer und Smartphone. Das bringt auch ganz **andere Karrieren** hervor. Was früher der Erfinder der Glühbirne war, ist heute der **Internet-Marketer** oder APP-Entwickler und Programmierer. Insofern müssen Sie sich an den modernen Karrieren orientieren. Heute sind Pioniergeist und Vision viel leichter zu verwirklichen als im vorigen Jahrhundert, als schlaue Menschen zum Beispiel aus einem kleinen Tante-Emma-Laden ein weltweites Supermarkt-Imperium schufen. Schauen Sie sich **clevere Webseiten** an und abonnieren Sie **Newsletter** erfolgreicher Marketingspezialisten.

Sie bekommen Konzepte frei Haus geliefert. Es ist auch nicht verpönt, gute **Ideen abzukupfern**. Was früher geheime Blaupausen waren, ist heute jedermann zugänglich, denn das **Internet** ist wie ein **gläserner Aktenkoffer**. Genau das ist Ihre Chance. Nun, man muss schon zur rechten Zeit gute Ideen haben. Und auch das ist heute relativ einfach, weil sich die Technik rasend schnell ändert und immer weiterentwickelt. Wer hätte gedacht, dass es irgendwann Smartphone und Tablets gibt, dass man mit klugen APPs Millionär werden kann? Und es geht immer lustig weiter. Seien Sie mit dabei, denken Sie nach, was morgen in sein kann. Aber selbst auf den vorhandenen neuen Märkten ist noch Entwicklungspotenzial. Auch die Superreichen von heute haben zahlreiche **Nackenschläge** einstecken müssen – und sie haben es ertragen und darin **Chancen** gesehen. Sie beweisen, dass **Niederlagen zum Erfolg führen** – wahrscheinlich wären sie nie so siegreich gewesen, wenn sie nicht zwischendurch verloren hätten.

Stellen Sie sich das einmal umgekehrt vor: Was wäre passiert, wenn die erfolgreichen Internet-Gurus gleich auf Anhieb gewonnen hätten? – Richtig, sie wären allzu früh **satt** geworden, **nicht mehr hungrig** auf Neues, hätten sich mit dem einen Treffer zufriedengegeben und zur Ruhe gesetzt. So aber baggern sie ständig weiter und erfinden immer bessere Konzepte. Nehmen Sie nur das **Internetgeschäft mit Online-Shops**: Hier setzen die Erfolgreichen mit digitalen Produkten Millionen um, und fast alles ist Gewinn. Ein **voll automatisiertes** Geschäft wie der **Autopilot** im Flieger. Sie verkaufen e-Books, Fotos, Videos, Emailkurse, Coaching, Marketing, Emaillisten, Newsletter – genial dabei: Digitale Produkte fertigen Sie nur ein einziges Mal an und kopieren sie dann so oft wie Sie sie verkaufen können, keine Lager-kosten, keine Versandkosten, kein Personal, keine nervigen Kunden und das Geld sofort auf Ihr Konto.

Noch eins steckt dahinter: Sie können sogar durch Niederlagen reich werden. Das ist jetzt kein Witz, sondern Tatsache. Nirgendwo ist es so leicht, wie im **Internet viel Geld** zu verdienen – mit **null Risiko**, ohne große Investitionen, mit etwas Zeiteinsatz. So mancher hat inzwischen seinen festen Job aufgegeben und ist erfolgreich selbständig geworden. Das ist übrigens planbar, zunächst nebenbei als zweites Standbein, bis das Business etabliert ist. Dann verdienen Sie echt so viel Geld, dass Sie sich endlich alle **Träume erfüllen** können – aber planen Sie bitte auch hier **Rückschläge** ein. Es läuft nicht alles rund und es ist auch nicht alles Gold, was im Internet glänzt. Wenn Sie es aber geschafft haben, sind die Aussichten genial: kein lästiger Chef mehr, Arbeitszeiten, die Sie selbst bestimmen, keine lange Anfahrt zur Firma, keine Parkplatzsuche, Urlaub, wann und wie lange Sie wünschen, viel mehr Geld, dort arbeiten, wo andere Urlaub machen (Südsee, Karibik!), eigenes Haus, tolles Auto, Traumfrau, Luxus pur. Sind das nicht **tolle Aussichten für Ex-Loser**? Die dürfen sich nur nicht Ihre Niederlagen so zu Herzen nehmen.

LEIDENSCHAFT UND FREUDE

Wie eingangs bereits erwähnt, ist nicht jeder Loser so gestrickt, dass er aus Niederlagen gleich lernen würde. Es gibt die **Loser mit Biss** (siehe van Gogh, Kafka), die allerdings rar gesät sind. Gewisse **Voraussetzungen** brauchen Sie schon, die man sich aber auch antrainieren kann. Die einfachste ist **Freude** – Freude am Leben, Freude an Plänen und Zielen, Projekten, Visionen und Siegen. Wer keine Lebensfreude mehr hat, **depressiv** ist und sich zurückzieht, dem ist auch nur schwer zu vermitteln, dass Niederlagen Chancen sind. Wer sich über nichts mehr freuen kann, dem können Sie auch nur bedingt helfen. Sie brauchen Bereitschaft, sich auf was Neues, Spannendes einzulassen.

Sie können **Freude** am Leben wieder **zurückgewinnen**, indem Sie erst mal **unter Leute** gehen, **Kontakte** suchen, solche Menschen treffen, die Feuer versprühen. Sind Sie bereits in einer depressiven Phase, müssen Sie **professionelle Hilfe** suchen, etwa bei einem **Psychologen**, der Ihnen wieder Freude beibringt. Sie können singen oder musizieren, tanzen oder töpfern, malen oder werkeln. Beschäftigen Sie sich, das ist der (Wieder-)Einstieg zur Lebensfreude. Denn die Freude muss in Ihnen wieder aufflammen, sonst kommen Sie aus Ihrem Verlierer-Dasein nicht heraus.

Ja, und dann ist da noch die **Leidenschaft**. Wer nicht selber brennt, kann nur schlecht das Feuer bei anderen entzünden und sie mitreißen. Nicht umsonst sagt man ja auch, die Leidenschaft ist die Eigenschaft, die Leiden schafft. Sie können **nachts nicht schlafen**, weil sich in

Ihrem Kopf neue Ideen abspulen. Ja, Sie möchten sofort aufstehen und das niederschreiben, damit Sie Ihren Traum am Morgen nicht vergessen haben. Es muss sie förmlich zum Weiterarbeiten aus dem Bett treiben. Sie sind **heiß auf Ihre Arbeit**. Ist Ihnen das schon mal passiert? – Wahrscheinlich eher nicht. Deshalb entwickeln Sie ein solches Brennen, eine solche Leidenschaft. Der Schlaf hindert Sie nur daran, das neue Projekt voranzutreiben. **Schlaf stört**.

Haben Sie nämlich selber keinen Spaß an dem, was Sie arbeiten, sind Sie insgesamt auch weniger motiviert. Sie gehen eher lustlos an die Arbeit, und das macht Sie dann auch **weniger produktiv**. Sie leisten nicht genug. Ihr Arbeitsergebnis ist weniger effizient, weil das letzte Sahnehäubchen fehlt: Freude und Leidenschaft. Das geht leicht in eine Scheißegal-Haltung über.

Die innere Kündigung folgt schnell. Man ist eben nur noch so dabei, aber nicht wirklich bei der Sache. Arbeit ist Fließband, jeden Tag dasselbe, die gleichen Handgriffe, keine Kreativität und Ideen mehr. Ihre Arbeitsleistung lässt stetig nach, immer weniger im Endergebnis – bis man Sie loswerden möchte und vielleicht auch noch mobbt. Der Begriff Burnout trifft hier nur bedingt zu, denn Sie haben sich ja nicht wirklich völlig verausgabt. Sie sind nicht ausgebrannt, sondern nur lustlos geworden, haben selbst kein Feuer mehr, der Ofen ist erloschen. Vielleicht hatten Sie zu wenig Erfolg und haben dann schnell die Brocken hingeschmissen, statt sich durchzubeißen.

Vielleicht **starten** Sie damit, dass Sie sich auf Ihre **alten Hobbys** (Leidenschaften) zurückbesinnen und da wieder anfangen. Bauen Sie sich Zug um Zug neu auf. Entfachen Sie das Feuer in Ihnen neu. Man kann **Leidenschaft wieder zurückgewinnen** – auch einfach mit **körperlichem Training**: Unternehmen Sie einen Waldlauf, einen ausgedehnten Spaziergang, legen Sie sich einen Hund zu, mit dem Sie regelmäßig raus müssen, schwimmen Sie ein paar Bahnen, gehen Sie ins Fitnessstudio oder besser noch schließen Sie sich einer Sportgruppe an, dann kommen Sie auch noch unter Leute.

Sie können auch ganz **neue Projekte** starten; vielleicht haben Sie ja **gute Ideen**. Legen Sie endlich Ihre **kreative Ader** wieder frei. Sie müssen sich jetzt beschäftigen, nur so kommen Sie wieder zu Freude und Leidenschaft. Ganz verrückt wäre es jetzt, einen „**Club der Loser**" zu gründen, in dem Sie Gleichgesinnte sammeln, um gemeinsam aus dem Tal der Tränen zu kommen. Nehmen Sie sich den Spruch „**Gemeinsam sind wir stark**" zu Herzen, quasi als **Selbsthilfegruppe**, wie es ja auch in anderen Bereichen funktioniert.

Fangen Sie damit an, Leidenschaft **bei sich selbst** zu entwickeln, etwa für die eigene Gesundheit, ein besseres Aussehen, Leidenschaft für Sport, um sich fit zu halten oder abzunehmen. Wenn Sie das geschafft haben, sind Sie kein Loser mehr und schaffen auch noch ganz andere Dinge. Denn bei sich selbst anzufangen, ist erst mal der **leichteste Weg**. Von diesem Ansatz aus lassen sich auch Niederlagen in Beziehung und Beruf gut aufarbeiten. Natürlich gibt es auch den **Coach**, der professionell Leidenschaft vermittelt.

Oder nehmen Sie sich ein Beispiel an Freundinnen, Freunden, Kumpels, Nachbarn, Familienmitgliedern, die alle vor Leidenschaft brennen. Wie machen die das? Was ist deren Geheimnis? Kupfern Sie sich deren Lebensfreude ruhig ab oder suchen Sie die **Nähe solcher Gewinnertypen**. So jemanden in seiner Nähe zu haben, stachelt doch an. Die kommunikativen Typen, die Spaßmacher und solche, die gute Stimmung verbreiten, sind doch die wahren Helden; man ist gern in ihrer Nähe, weil sie das eigene Wohlbefinden anheben, Freude bereiten.

SIE BRAUCHEN EIN GESUNDES URTEILSVERMÖGEN

Natürlich müssen Sie Ihre **Chancen gut einschätzen** können: Was ist **machbar und realistisch** zu schaffen und was ist eher **verrückt und unerreichbar**? Sie wollen ja als Loser nicht gleich wieder scheitern.

Deshalb brauchen Sie ein gesundes **Urteilsvermögen**, eine **gute Mischung aus Bauch und Kopf**. Sie dürfen ruhig verrückte Ideen haben, aber die müssen auch von einem gewissen **Realitätssinn** begleitet werden. Bewahren Sie sich den Blick für das, was geht. Sondern Sie unmögliche Dinge rechtzeitig aus, bevor Sie zu viel investiert haben. Ein gesundes Urteilsvermögen bekommt man aus **Lebenserfahrung, eigenem Wissen, Menschenkenntnis und einem guten Gefühl.** Nur wenn alle Faktoren stimmen, darf man durchaus Verrücktes anpacken – warum eigentlich nicht? Manchmal sind es gerade die außergewöhnlichen Ideen, die einen wieder auf die Erfolgsspur führen. Und hat man erst mal wieder einen Erfolg, gewinnt man neues Selbstwertgefühl. Und Sie wissen ja, mit **Selbstbewusstsein** geht einem vieles leichter von der Hand. Ihr **Selbstwert steigt**, wenn Sie wiedergewinnen.

Man darf als Loser auch **nicht** zum **Tagträumer** werden, was ja leicht passieren kann. Hans-Guck-in-die-Luft oder Hans Dampf in allen Gassen nennt man das im Märchen. Wenn Sie mit Ihren Urteilen immer danebenliegen, müssen Sie das mal genauer analysieren. **Was machen Sie falsch**, dass Sie immer das falsche Urteil fällen?

Sind es vielleicht **Wunschvorstellungen, unerreichbare Träume und Sehnsüchte**? Manche Menschen reden und denken sich ja jede Situation schön. Kennen Sie den Spruch: „Der trinkt sich aber sein beschissenes Leben oder seine hässliche Alte schön!" Na klar, im Suff ist selbst die Hexe noch eine Traumfrau. Was damit gesagt werden soll: Lassen Sie mal Ihre Wunschvorstellungen beiseite und konzentrieren Sie sich auf das Machbare. Blenden Sie aus, was Sie gerne hätte, und konzentrieren sich darauf, was Sie vorfinden.

Beispiel: So mancher deutet das freundliche Lächeln einer hübschen Frau gleich als Heiratsantrag – falsch! Menschen können auch einfach nur nett sein. Sie machen einen Kardinalfehler: Sie sind gerade auf Brautschau und deuten jede Geste als Einladung zum Flirten. Blenden Sie Ihren Druck mal aus, und schon setzt Ihr **gesundes Urteilsvermögen** wieder ein.

Neulich traf ich Iwan aus Norwegen in einer Bar – zugegeben, er war schon sehr gut angeheitert. Und Iwan lallte durch die Bar: „Ich suche eine Frau, **ich brauche eine Frau**!" Dirk, der neben mir saß, beruhigte ihn damit, dass er ihm zusagte, mal mit seiner Frau zu sprechen und nach geeigneten Kandidatinnen Ausschau zu halten. Denn seine Frau betreibt einen Spielsalon und kennt viele heiratswillige Frauen, die ebenfalls einen Partner suchen.

Dann fragte mich Iwan, als er hörte, dass ich eBooks schreibe: „Sag mal, was muss ich machen, um endlich eine Frau zu bekommen?" – „**Stay cool**", antwortete ich ihm. „Je mehr Du Dich selbst in diese Situation hinein verkrampfst, wirst Du es nie schaffen. Setz Dich bitte nicht unter **Zugzwang**, bleib **gelassen**, und Du wirst eines Tages die Richtige finden." Plötzlich war Iwan ganz still; es klickte bei ihm – obwohl er vorher sehr aufgewühlt und laut war. Er hatte begriffen, dass er sich mit seiner aggressiven Forderung nach einer Frau vergaloppiert hatte – es war ein unrealistisches Ziel, wie er es anging. So bekommt man nämlich nie eine Partnerin. Auch in der Wahl seiner Mittel hin zum Ziel muss man immer **Realist** bleiben.

Wenn sich Iwan nämlich auf den Dorfplatz stellt und nach einer Frau brüllt, laufen die letzten garantiert weg. Die wollen doch mit einem solchen Schreihals nichts zu tun haben, das macht eher Angst. Iwan muss sich also ein realistischeres Ziel setzen, etwa Dirks Frau, die einen großen Bekanntenkreis hat, um Rat fragen. Wer könnte zu Iwan passen? Und dann bringt man beide unauffällig mal zum Beschnuppern zusammen. So ist es jedenfalls realistischer als sein Schicksal lauthals herauszufordern.

GLAUBEN SIE AN SICH SELBST

Wer **an sich selbst nicht glaubt**, kann weder **andere begeistern noch selbst gewinnen**. Sie kennen doch die Verzagten, die immer an sich selbst zweifeln. „Ich traue mir nichts zu, es **klappt** ja sowieso **nicht**, also **fange ich** auch **erst gar nicht an**, es ist doch sowieso zwecklos!" Klar, wer so denkt, wird es auch nicht weit bringen. Wer es nie versucht hat, erlebt auch weder Sieg noch Niederlage. Wenn der Weltfußballer nicht an sich selbst geglaubt hätte, wäre er nie bester Spieler der ganzen Welt geworden. Oder die Weltranglisten-Erste im Tennis: Glauben Sie, die hat das mit ständigen Selbstzweifeln erreicht?

Trauen Sie sich endlich etwas zu, denn Sie können es; Sie haben es drauf. Warum die ständigen Zweifel? Andere schaffen es doch auch. Es wäre doch gelacht, wenn Ihnen gar nichts gelingen sollte. Das größte Problem derjenigen, die an sich selbst nicht mehr glauben, ist, dass sie **gar nicht erst beginnen**. Sie haben also nie das Gefühl von Aufbruch, Risiko und Sieg. Oder aber sie geben nach dem ersten Fehlversuch gleich auf, **schmeißen schnell die Flinte ins Korn**.

Aus unterschiedlichen Überlegungen wollen Menschen Sie vom Kurs abbringen, etwa weil sie befürchten, am Ende könnten Sie noch erfolgreicher sein als sie selbst, oder weil sie nicht an Ihren Sieg glauben. **Neider und Eifersüchtige** gibt es immer wieder, und die sind Ihr größter Feind.

SEIEN SIE UNKONVENTIONELL UND KREATIV

Wir sind es gewohnt, **geradeaus zu gehen** und so auch zu denken. Da sind aber die wenigsten Lösungen zu finden, weil genau diesen Weg die meisten gehen. Sie müssen **um die Ecke denken**, um zu neuen Lösungen zu kommen.

Loser denken immer eingleisig, übersehen dabei aber neue Wege und Möglichkeiten, die sie aus ihrem Dilemma führen. Man kann das nun unkonventionell nennen – oder auch **laterales Denken**. Das meint zunächst einmal nur ganz banal **vielseitiges** Denken, also auch um die Ecke, nicht nur geradeaus. Wer so handelt, ist **kreativ**, denn er agiert nicht nur logisch und eingleisig, sondern in alle möglichen Richtungen. Schauen Sie sich nur einmal die meisten **Erfolgreichen** an. Sie gehen genau die Wege, die die Masse eben nicht gehen.

An folgendem **Beispiel** soll das veranschaulicht werden: Jemand hat ein tolles neues Produkt entwickelt, sagen wir einen Rasenmäher-Roboter. Dazu entwirft er nun einen Flyer und lässt ihn in einer Ein-Familienhaus-Siedlung mit vielen Grünflächen in alle Briefkästen und hinter die Windschutzscheiben von Autos in diesem Gebiet verteilen. Er wiederholt diese Aktion in wöchentlichen Abständen. Als nach einem Monat immer noch keine Bestellungen eingehen, gibt er auf und sagt sich: Wer nach einem Monat immer noch nicht kauft, wird es auch nach zwei oder drei Monaten nicht machen. **Falsch gedacht!**

Jetzt kommt der unkonventionelle Ansatz, denn es gibt **viele Gründe**, warum **noch niemand bestellt hat**. Entweder hatte niemand Zeit, sich den Flyer genau anzusehen; oder es fehlte im Moment das Geld, sich ein solches Gerät anzuschaffen; oder man war vielleicht in mieser Stimmung, die Lebenssituation hat sich verändert. Jetzt aufzugeben, wäre ein Fehler. **Der Unkonventionelle macht** hier genau **weiter** und **variiert seine Flyer** (ändert sie ein wenig, andere Aufmachung, damit es nicht identisch aussieht) – und siehe da, nach zwei oder drei Monaten trudeln doch die ersten Bestellungen ein. Sie haben eben nicht logisch gedacht, sondern Ihren bisherigen **Misserfolg hinterfragt**. Sie sind nämlich so zu einer **Problemlösung** gekommen. Stellen Sie sich das einmal bildlich vor: Sie bekommen vier Wochen lang den gleichen Flyer, da schauen Sie doch nicht mehr genau drauf, sondern drücken ihn gleich in die Tonne. Sieht der Flyer aber jedes Mal etwas anders aus, lesen Sie ihn auch immer wieder und bekommen so das Angebot variiert serviert. Eines Tages spricht Sie der Rasenmäher-Roboter in Ihrer Siedlung so sehr an, dass Sie zu den Ersten gehören wollen, der so ein innovatives Spielzeug gerne in seinem Garten einsetzen möchte.

Und der lateral denkende Verkäufer hat endlich seinen Erfolg. Der Vorreiter beim Kauf wird zur Ikone, zum Technik-Freak in seiner Siedlung, und alle Nachbarn sind plötzlich eifersüchtig, wollen auch das Ding. Was wäre die Konsequenz, wenn Sie keine Flyer mehr verteilt hätten? – Richtig: Sie hätten nie ein Erfolgserlebnis gehabt, keinen Rasenmäher verkauft, nutzlos investiert in Werbung.

Sie sehen an diesem Beispiel, dass Sie **gegen den Strom schwimmen** müssen, um zu Problemlösungen zu gelangen. Legen Sie Ihr logisches Denken beiseite und hinterfragen mal die Dinge um die Ecke. Ja, es erfordert einiges **Umdenken**, aber Sie wollen ja die Verliererstraße verlassen, dann müssen Sie unkonventionell sein, lateral, vielseitig denken. Natürlich ist das auf den ersten Blick unbequem, etwas schwierig. Was heißt schon um die Ecke denken? Das müssen Sie kapieren, sonst klappt auch das nicht. Am besten werfen Sie alle Muster und Strukturen über Bord, dann fällt Ihnen auch die Vielseitigkeit von Problemlösungen ein, es öffnet Ihnen die Augen.

Das gelingt Ihnen mit einem **Stück Papier**, einer **Plus-Minus-Liste**: Auf der linken Seite steht, wie die meisten Menschen denken, also das Offensichtliche – und daraus erschließen Sie sich dann alternatives Denken, andere und bessere Lösungen. **Beispiel**: Nehmen wir das oben Erwähnte: Einen Monat lang Flyer verteilt, kein Verkauf, Flyer-Aktion stoppen = linke Seite – alternative Konsequenz = rechte Seite: Flyer variieren, neu stylen, weiter verteilen im zweiten und dritten Monat. **Sie handeln quasi gegen alle Logik**, Sie haben damit dann aber **Erfolg**.

UNEINGESCHRÄNKTE ZIELSTREBIGKEIT

Sie brauchen jetzt **Steher- und Nehmer-Qualitäten** – wie im Boxring. Denn **Tiefschläge** gibt es nach wie vor. Und es geht oft bis in die letzte Runde. Deshalb sollte **uneingeschränkte Zielstrebigkeit** zu Ihren neuen **Charaktereigenschaften** gehören. Setzen Sie **Prioritäten**. Wenn Sie zu viele Nebenkriegsschauplätze um sich herumhaben, können Sie sich nicht voll auf das Erreichen Ihres gesteckten Ziels konzentrieren. Dem müssen Sie jetzt **alles unterordnen**. Dazu gehört auch, dass Sie unter Umständen Ihr **bisheriges Leben total umkrempeln** müssen, sich massiv einschränken und auch **auf bestimmte Dinge verzichten**.

In Ihrem Loser-Dasein sind bestimmte **Dinge eingerissen wie Lethargie, Mutlosigkeit**, vielleicht auch starker Alkoholkonsum, Nikotingenuss oder eine völlig ungesunde Fresserei. Stellen Sie das sofort ab, denn damit beginnt Ihre **neue Zielstrebigkeit**. Sie müssen **besessen** sein von dem Verlangen, endlich zu gewinnen. Das sollte Ihre **alles bestimmende Lebens-Maxime** werden. Ordnen Sie alles diesem einen Ziel unter, was Sie sich jetzt neu gesteckt haben. Ja, das heißt **auch Verzicht**. Schaffen Sie das nicht, werden Sie Ihr Ziel nie erreichen. Das Ziel muss einfach so attraktiv sein, dass Sie damit keinerlei Probleme haben. Schauen Sie sich dazu immer wieder berühmte Vorbilder an. Am besten heften Sie ein **Bild Ihres Idols** an den **Spiegel**, vor dem Sie jeden Morgen stehen. Ja, ich schaffe es wie mein Fußball - oder Musik-Idol, ich schinde mich und schufte dafür, denn ich will siegen wie man großes Vorbild. Lesen Sie Bücher über Ihren „**Hero**" oder schauen sich Filme an. Das baut Sie auf und stachelt Sie an. Dann fällt ihnen der Verzicht auch nicht so schwer.

Noch eins ist wichtig: Nehmen Sie sich **nicht zu viel auf einmal** vor; teilen Sie sich Ihr Ziel in machbaren **Etappen** ein, dann ist die Freude über jedes erreichte Teil-Ziel umso größer. Das macht Sie **stark**, und **belohnen** Sie sich ruhig für jeden kleinen Erfolg, mit einem Buch, einer neuen Bluse, einem T-Shirt, einer Kinokarte oder einem guten Essen. Die Tennis-Spitzenspielerin ist auch nicht von jetzt auf gleich Weltranglistenerste geworden und der Topfußballer nicht gleich Spieler des Jahres. Das war ein **steiniger Weg**, der aber zum Ziel führte, konsequent, zielstrebig und beharrlich. Vergessen sind Schweiß und Tränen, wenn man den Sieg in Form eines Pokals in den Händen hält. Vom Loser zum Gewinner schafft man auch nur in kleinen Schritten, das ist **kein Simsalabim**, sondern **Knochenarbeit**. Vergessen Sie das nie, wenn Sie ans Aufgeben denken. **Halten Sie doch wenigstens einmal im Leben durch!**

EINE PORTION GESUNDEN EGOISMUS BITTE

Man schimpft häufig auf die **fiesen Egozentriker**, die sich nur im Mittelpunkt sehen und mit **Ellenbogen-Gewalt** ihre Ziele verfolgen. Ja, so gesehen sind sie keine angenehmen Zeitgenossen. Egomanen nennt man sie abfällig. Aber eine gesunde Portion Egoismus schadet keinem und ist auch **nicht anrüchig**. Sie wollen ja sich selbst wieder auf die Sprünge helfen und nicht anderen. Also müssen Sie Ihre eigenen Ziele verfolgen, und dafür brauchen Sie auch **etwas Selbstsucht**. Warum darf man denn nicht mal auch an sich selbst denken? Wir sind doch **nicht als Mutter Teresa oder Heiliger Franziskus geboren**? Im Gegenteil: Wir haben sogar die geistige, moralische **Verpflichtung**, aus uns etwas zu machen und zu schaffen - eben nicht wie ein Faulpelz in der sozialen Hängematte zu liegen. Egoismus ist anständig und nicht grundsätzlich schlecht. Wer ihn verteufelt, ist neidisch auf den Erfolg anderer. Um seine eigenen Ziele zu erreichen, ist es notwendig, an sich selbst zu denken. Sie wollen ja auf die Gewinnerstraße, also tun Sie auch etwas dafür. Auch hier gilt: **Ordnen Sie alles Ihrem gesteckten Ziel unter**. Das ist legitim und nichts Ehrenrühriges.

DENKEN SIE IN WIN-WIN-KATEGORIEN

Kennen Sie Win-Win-Situationen? **Jeder gewinnt**, der Verkäufer und der Käufer, im Berufsleben die Firma und der Beschäftigte, in der Beziehung der Partner und die Partnerin. Jeder hat einen Vorteil und keiner wird übervorteilt. Sie müssen dieses Win-Win-Denken stark ausprägen, ja exzessiv anwenden. **Geben und Nehmen** muss im **Gleichklang** sein, sonst klappt es nicht. Auch hier wieder: **Gesunder Egoismus** ist legitim.

Wer nur an sich denkt, kommt aber nicht weit. **Gemeinsam sind wir stark**, heißt es so schön. Und genau so ist es. Es vermittelt ein **Gefühl von Gemeinschaft, Zusammensein, Familie**. Man ist ein **starkes Team**. Allein hat man es schwerer in dieser Welt. Denken Sie immer an das gemeinsame Projekt, es hat mehr Erfolg, wenn zwei dahinterstehen. Die globale Welt ist stark vernetzt, man ist auf **Partner** angewiesen. Es ist gut zu wissen, irgendwo einen Win-Win-Kumpel zu haben. Denn Sie sind **nie ganz unabhängig** in dieser Welt, in der alles so rasend schnell abläuft, Kommunikation rund um den Erdball in Sekundenschnelle funktioniert. Wichtig aber ist, dass beide auf Win-Win eingestellt sind. Natürlich gibt es auch **Geizhälse**, die nur nehmen. Das läuft aber nicht lange gut. Schnell hat man raus, dass manche nur „von anderen-Zigaretten" rauchen, also ständig am Schnorren sind. Solchen Zeitgenossen geht man doch allerorten aus dem Weg. Wenn die nur von weitem auftauchen, machen Sie doch einen großen Bogen um sie. Diese Typen sind unbeliebt und einsam. Aber die finden auch immer neue Opfer, bis sie durchschaut sind.

Und schauen Sie sich auch hier **Beispiele Erfolgreicher** an: Die sind allesamt auch ein Stück egoistisch. Nehmen wir nur den Tennisspieler oder Boxer: Hier geht es Mann gegen Mann oder Frau gegen Frau. Wer hier nicht egoistisch denkt, holt nie den Titel. Etwas anders ist es zwar in einer Fußballmannschaft. Da muss man Team orientiert denken, Einzelkämpfer sind hier verpönt, es sei denn, sie machen den alles entscheidenden Punkt für ihr Team. Oder wenn ein Politiker sich allzu große Sorgen um seine Mitbewerber machen würde, käme er nicht weit und würde die nächsten Wahlen verlieren. Ein erfolgreicher Geschäftsmann ist nicht deswegen so gut, weil er Rücksicht auf andere nimmt, sondern weil er gnadenlos seine eigenen Ziele verfolgt.

SEHEN SIE CHANCEN STATT RISIKEN

Wir Menschen sind leider so gestrickt, dass wir in allem zunächst die Risiken ausmachen, statt die Chancen zu sehen. Wie ungleich besser wären doch unsere Perspektiven, wenn wir alle Ungewissheiten mal beiseitelegen würden. Wir sind **geblendet** von der erwarteten **Niederlage**, die aber ihren Schrecken verliert, sobald wir nüchtern abwägen. Es liegt in der Natur der Sache, dass der **Schock** uns tief in die Knochen geht. Es ist, wie oben bereits beschrieben, wie das Kaninchen vor der Schlange. Wir schlagen keinen Haken, sondern lassen uns fressen. Dabei hätten wir bei klarem Verstand durchaus eine realistische Chance, die wir im Angesicht des Schreckens nur nicht erkennen. Auch hier muss ein grundsätzliches **Umdenken** in unserem Kopf stattfinden.

Vergessen Sie das Risiko – damit können Sie sich immer noch beschäftigen, wenn es wirklich soweit ist. Wer aber das **Negative erwartet, zieht es auch magisch an**. Mit einer grundsätzlich positiven Einstellung gelingt Ihnen viel mehr. Sehen Sie also in allem künftig erst einmal eine Chance, auch dann, wenn der Worstcase schon vor Ihrer Tür steht. Selbst wenn Sie die Niederlage einstecken müssen, dann betrachten Sie sie noch als Chance.

Die **andere Sichtweise** nimmt nicht nur den Schrecken von Niederlagen, sondern **dreht sie sogar noch zu Ihrem Vorteil um**. Denn **in jeder Niederlage steckt eine neue Chance**. Verinnerlichen Sie diesen Satz bitte, dann analysieren Sie nämlich, warum Sie verloren haben und machen es beim nächsten Mal besser, denn der Fehler passiert Ihnen kein zweites Mal mehr. Haben Sie das Prinzip verstanden? Ist doch genial – oder? **Aus der Niederlage die Kraft für eine neue Chance** ziehen! So sehen Siegertypen heute aus, und so verlassen Sie endlich die Loserstrasse.

Nehmen wir ein **typisches Beispiel**: Die meisten Menschen haben doch wirklich Angst, sich selbständig zu machen, denn sie fürchten das Risiko. Und in der Tat ist die klassische Selbständigkeit schon mit einigen schwierigen Backstein **belastet**: Investition, Räume, Miete, Einrichtung, Lagerbestand, Versandkosten, Werbung, Personal und so weiter. Da müssen Sie erst mal einen dicken Kredit aufnehmen. Man weiß nicht, wie das Geschäft anläuft; vielleicht war man auch bei der Marktanalyse zu blauäugig und hat sich dieses alles schöngeredet, keine finanziellen Puffer. Meist läuft es auch gar nicht glatt; Ämter und Behörden legen einem gerne man Knüppel zwischen die Beine. Nehmen Sie nur eine Kneipeneröffnung. Da kommt doch glatt einen Tag vor Neueröffnung die Lebensmittelkontrolle und stellt im Lager Mäuse-Kot fest – und schon ist der Laden amtlich dichtgemacht. Wenn Sie da nicht gute und verständnisvolle Helfer sowie Beamte haben, kann man das schon abblasen. Oder ein Hygienetechniker legt Ihnen die Zapfanlage lahm, weil sie erst vor Monaten zum letzten Mal professionell gereinigt wurde. Neben den zusätzlichen, nicht eingeplanten Kosten gerät der Betrieb der ganzen Bar in Gefahr. Wenn Sie hier in diesem Szenario so weiterdenken, dürfte Ihr Ziel, die Bar an einem bestimmten Tag zu eröffnen, nicht in Erfüllung gehen.

Ich bin mir sicher, dass Sie wesentlich erfolgreicher sind, wenn Sie erst mal vom **Gelingen** ausgehen. Jawohl, die Bar wird eröffnet, auch wenn der letzte Bürohengst in der Behörde noch ein paar Einwände hat, aber die bügeln wir schnell mit vereinten und außergewöhnlichen Kräften aus und bessern die Beanstandungen nach.

Viel **einfacher** ist es noch im **Internetgeschäft**, wo Sie meistens mit Lagerkosten, Vertriebswegen, auch mit dem Einsatz von Geld für digitale Produkte wenig am Hut haben, denn das hält sich da sehr beschaulich in Grenzen. Aber dennoch zweifeln auch hier mögliche Interessenten, die den Schritt in ein Internet-Business wagen wollen, an ihrem Erfolg. Damit schießen Sie einen kapitalen Bock, weil sie sich den Blick auf die enormen Chancen ihrer durchdachten Internet-Karriere versperren.

Warum schmeißen denn so viele Leute hin? Oft haben sie nicht die Luft und die Power für einen zweiten und dritten Versuch. Sie sind so von ihrer Niederlage geschockt, dass sie nicht mehr an eine zweite Chance glauben. Zu viele Menschen geben gerade im Internet zu früh auf. Die wenigen Erfolgreichen beißen sich durch, weil Sie genau Rückschläge als Chancen sehen. Die Internet-Millionäre haben alle ganz klein angefangen und sind oft auf die Schnauze gefallen. Sie hatten aber eine Vision, ein großes Ziel, an dem sie beharrlich festgehalten haben. Man kann es Vision oder nur Auftrag nennen, Ziel oder Projekt, Willen oder Geschäft – alle haben gemeinsam, dass man Chancen erkennt und nicht von Beginn an schon zweifelt. Die Menschen neigen dazu, mehr **Energie in das Verhindern von Schmerzen** zu investieren als darin, **Freude zu gewinnen**. Offensichtich liegt es in der Natur der Sache von uns Menschen. Und gerade deshalb sind viele eben nicht erfolgreich. Die Siegertypen dagegen haben wenig Angst. Gehen Sie also furchtlos an Ihre Projekte, Ziele und Träume heran, dann gewinnen Sie auch.

SPIELEN SIE IHRE STÄRKEN AUS

Um auf die Gewinner-Straße zu kommen, sollten Sie auch das nur **anpacken, was Sie wirklich gut können**. So manch einer will seine Idee allein durchziehen – möglichst heimlich, damit keiner abkupfert. Das kann man ja auch verstehen, und dennoch sind wir **keine Allround-Talente**, die Business-Aufbau, Werbung, Vertrieb, Produktneuheiten und so weiter alles selbst beherrschen. Sie mögen geniale Produkte haben, aber Sie wissen nicht wie Sie diese verkaufen können. Bevor Sie nun hier an einer Strategie mühsam basteln, die wahrscheinlich auch noch ungeeignet ist, setzen Sie doch einen Profi daran, der Ihnen eine perfekte Lösung bastelt. Man nennt das **outsourcen**. Besinnen Sie sich auf Ihre eigenen Fähigkeiten und tun nur das, was Sie wirklich können. Das andere überlassen Sie (für wenig Geld) den Spezialisten.

Spielen Sie Ihre Stärken aus, indem Sie erst einmal analysieren: **Was kann ich gut**? Welche Hobbys habe ich? Was habe ich gelernt und kann leicht wiederaufgefrischt werden? Was macht mir Spaß? Wofür habe ich ein Händchen und kann es schnell perfektionieren? Welche Interessen habe ich und kann mich in sie schnell einarbeiten? Dann wissen Sie, wo Ihre Stärken sind. Und jetzt spielen Sie Ihr Potenzial voll aus. Sie runden Ihr Projekt, Ihren Wiedereinstieg in die Erfolgsspur, jetzt mit Zukäufen ab, die Sie bei externen Fachleuten für Ihr Business in Auftrag geben (outsourcen) – im Sinne einer klassischen Win-Win-Situation. Damit haben Sie eine optimale Arbeitsaufteilung erreicht, und Ihr Ziel ist in guten Händen.

Denken Sie immer daran: **Erfolg ist die Summe richtiger Entscheidungen**. Sie kommen hier nicht mit „Wenn" und „aber" weiter; Sie müssen klare Entscheidungen treffen – „weiß ich nicht" – „müssen wir mal sehen" – „ja vielleicht mal": Dieses Wischi-Waschi bringt Sie keinen Millimeter weiter. Also klare Kante, hü oder hott, setzen Sie endlich Duftmarken und bekennen sich zu Ihren Entschlüssen. Die Leute um Sie herum müssen doch wissen, was Sie wollen. Stecken Sie das flatternde Fähnlein im Winde ein.

INVESTIEREN SIE

Wollen Sie Erfolg haben, müssen Sie auch **bereit sein zu investieren** – und wenn es erst mal nur Ihre Zeit ist. Wenn Sie einem Esel vorne nie etwas hineinstecken, wird hinten auch kein Gold rauskommen.

Dazu müssen Sie Ihre **Einstellung zu „Investitionen" ändern**. Die meisten sehen das leider als nutzlose Geldausgabe, als Verlust. Falsch! Sie sind ja kein Hasardeur, der sein Geld vom Hochhaus auf die Leute wirft. Sie haben sich etwas dabei gedacht und Ihr Projekt genau analysiert. Ihre Investition hat Hand und Fuß, also kann sie kein Verlustgeschäft sein, sondern nur Gewinn. Sie ist nicht einfach nur der Kauf eines Konsumartikels, sondern sie soll sich rechnen und ein Mehrfaches später abwerfen. Sie profitieren von Ihrer Investition – vielleicht im Idealfall sogar so viel, dass Sie davon ein ganzes Leben lang profitieren und Ihr Auskommen haben.

Sie **verlieren nichts, sondern gewinnen**. Nur müssen Sie erst mal den Mut haben, sich von Geld und Zeit zu trennen, nämlich zu investieren. Geben Sie Geld weg, damit Sie Erfolg haben. So manche Investition hat ihren Besitzer reich gemacht. Dazu braucht man auch ein richtiges Näschen, nämlich zu erkennen, wo gute Investitionsmöglichkeiten liegen.

In die Lotterie zu investieren, mag einem einzigen einen Millionengewinn bringen – unter 20 Millionen Mitspielern -, aber es ist nicht wirklich gut angelegtes Geld. Wer sich aber erkundigt und ein erfolgreiches Start-up-Unternehmen entdeckt, von dem Sie erahnen, dass es mal eine bahnbrechende Entwicklung werden könnte, und da investiert, kann steinreich werden. Gerade im Internet findet man auch heute immer wieder solche erfolgreichen Erfinder – im Moment sind APP-Entwicklungen der Renner, mit denen 18-Jährige schon hunderte Millionen Dollar erzielt haben. Aber wir müssen nicht in die Millionen-Kategorien greifen, auch erfolgreiche Online-Shop-Verkäufer mit digitalen Produkten (eBooks, Videos, Bilder, Emailkurse etc.) zum Beispiel haben es geschafft und sind damit reich geworden.

Sehen Sie Investition nicht als reine Ausgabe, sondern als Chance, als **Investment in Ihre eigene Zukunft**, ja als **Lebensversicherung** oder **Sparvertrag**, mit dem Sie Ihr Leben absichern. Manche Leute investieren so clever, dass sie sich damit eine eigene lebenslange **Rente** aufbauen, und die ist wirklich nicht schlecht. Und hat es einmal geklappt, hatten Sie einmal Erfolg, sind Sie umso mehr bereit zu investieren. Man muss immer mal einen Anfang machen. Sie können bei Investitionen nur gewinnen.

Klar, man hört auch immer von **Fehlinvestitionen**. Oft trifft es dabei ausgerechnet reiche Leute, die eine Gier nach mehr entwickeln. Die fallen weich, denn die Investition war für sie nur etwas Spielgeld, Portokasse. Aber man kann auch auf Betrüger hereinfallen, die einen mit Wahnsinns-Renditen von 20 oder gar 50 Prozent blenden.

Erstens sollten Sie hier immer den klugen Menschenverstand walten lassen (Wer hat schon Geld zu verschenken?), und zweitens sollten Sie, so schmerzhaft es ist, dies dann als Fehlinvestition abhaken. Was nützen Ihnen Heulen und Wehklagen? Shit happens, auf zu neuen Ufern! Sie müssen sich hier das Denken von Wirtschaftskapitänen aneignen. Wenn die mal einige hundert Millionen für eine Fabrik in den Sand gesetzt haben, stoppen sie ganz schnell diese Fehlinvestition, bevor sie das ganze Unternehmen auffrisst. Also Fehlinvestition schnell abhaken und durch – weiter zu neuen Projekten und dann möglichst damit den Verlust der Fehlinvestition wieder rausholen. So denken die Profis im Business.

Anti-Loser-Checkliste:
WELCHE EIGENSCHAFTEN FÜHREN ZUM ERFOLG?

1. **Hartnäckigkeit**: Wer künftig gewinnen statt verlieren möchte, darf nicht beim ersten Fehlschlag aufgeben. Sie müssen hartnäckig bleiben, am Ball sein, nicht zuschauen, wie andere Ihnen die Butter vom Brot nehmen. Durchhalten statt aufgeben, nach Niederlagen wieder aufstehen und nicht liegen bleiben.

2. **Optimismus**: Nur wer positiv denkt, dem gelingt auch etwas. Wer immer nur die Niederlage erwartet, wird sie auch bekommen. Es gibt Esoteriker, die behaupten, die Kraft positiver Gedanken könne Berge versetzen. Ok, das ist jetzt etwas übertrieben, aber wer seine Traumfrau finden will und fest daran glaubt, schafft es eher als der Miesepeter („Mich mag doch sowieso keine"). Positives Denken hebt schon mal die Grundstimmung an, führt zu guter Laune. In einem solchen Umfeld macht man eher gute Geschäfte, produziert man kreative Ideen, ist man arbeitssüchtig, schaffensfreudig, aktiv und produktiv. Negative eingestellte Menschen kriegen doch kaum noch was gebacken.

3. **Positive Glaubenssätze**: Wer im Tal der Tränen hängt, muss sich erst mal wieder aufrüsten. Manchmal braucht man (bei Depressionen) den Rat von Fachleuten, etwa Psychologen. Denn es nicht einfach, aus einer negativen Stimmung selbst wieder rauszukommen. Spezialisten wissen, wo sie ansetzen müssen. Aber das Negative kann sich auch in Ihrem Unterbewusstsein so stark eingenistet haben, dass Sie es instinktiv immer wieder abrufen.

Sie können sich nicht dagegen wehren, es kommt. Auch dagegen kann man etwas unternehmen. Sie können Ihr Unterbewusstsein umprogrammieren – quasi in einer Eigen-Gehirnwäsche oder Autosuggestion. Sie suggerieren sich selbst ein, positiv zu denken. Einfach erklärt sind das ganz einfache positive Sätze, die Sie sich hunderte Mal selbst einreden, tausende Mal über einen längeren Zeitraum von Monaten. „Ich denke positiv, weil ich die Chancen sehe" – „Ich bin optimistisch, was meine Zukunft angeht, und ich glaube an meinen Erfolg" – „Ich gehe zurück auf die Gewinnerstraße" – „Ich will gewinnen und ich schaffe das" – „Ich denke positiv, weil ich dann mehr vom Leben habe" und so weiter.

Am besten schreien Sie die Sätze laut hinaus in den Wald oder ins Haus; Sie können sich diese Formeln auch still selbst einreden. Insbesondere halten Sie diesen positiven Sätzen immer für den Anflug von negativer Stimmung bereit und wehren sich mit Autosuggestion dagegen. Haben Sie lange genug geübt, übernimmt Ihr Unterbewusstsein Ihre neue Haltung, Ihre positive Einstellung zum Leben.

4. **Egoismus:** Über die gesunde Portion Egoismus haben wir schon gehört. Sie sei der Vollständigkeit halber hier noch einmal aufgeführt. Wer keinen Egoismus für sich selbst besitzt, wird nur schwer gewinnen. Denn Sie müssen zuallererst an sich denken. Sonst klappt es nicht mit dem Gewinnen. Geben und Nehmen sollten sich aber im Gleichklang befinden, sonst lässt man Sie wie eine heiße Kartoffel fallen. Gesunder Egoismus zur Verfolgung der eigenen Ziele ist anständig und erlaubt. Zur Durchsetzung ihrer Ziele brauchen vor allem Frauen ein starkes Ego. Frauen haben gemeinhin Beschützer-Instinkt, sind die Kümmerer, geben nach auf Druck, sind um Harmonie bestrebt. Wer als Frau jedoch im Berufs- und Wirtschaftsleben bestehen, muss sein Ego einsetzen. Manchmal hilft es auch in der Beziehung, sich nicht immer unterbuttern zu lassen, sondern seine Wünsche durchzusetzen.

5. **Disziplin**: Wer morgens nicht aus den Federn kommt, um seine Vision zu verfolgen, hat es eben nicht kapiert. Ohne Fleiß kein Preis. Wer sich nicht so unter Kontrolle hat, dass er alles seinem Ziel unterordnet, hat es auch nicht verdient. Der schafft es einfach nicht. Disziplin kann man aber auch lernen; es ist nie zu spät. Fangen Sie an, Ihren Tag zu organisieren. Teilen Sie Arbeit und Aufgaben ein, nehmen Sie ein Tagebuch zur Hand, legen Sie Arbeitszeiten und andere Aufgaben fest, auch das Vergnügen. Bringen Sie zuerst Struktur in Ihren Tag, damit fängt Disziplin an. Haben Sie nämlich keinen Tagesplan, leben Sie nämlich von der Hand in den Mund oder in den Tag hinein. Sie werden so zum Spielball von Launen und Zufallsereignissen – weit entfernt von Vision, Plan, Sieg und Zielen. Deshalb ist Disziplin so wichtig, um auch die Kontrolle über ihr eigenes Leben zurückzugewinnen. Werden Sie selbstbestimmt erfolgreicher. Ja, Disziplin tut manchmal auch weh, man muss sich schon am Schopf reißen oder im Zaum halten. Wahrscheinlich wäre es ihnen auch nicht angenehm, wenn andere Ihnen Disziplin verordnen und Sie kontrollieren. Also packen Sie es endlich selbst an.

6. **Organisation:** Um Ziele zu erreichen, müssen Sie planen. Der Welttorwart hat seine Vision straff organisiert – in einzelne Etappen, die jede für sich erreichbar war. Hätte er sich nicht gut organisiert, wäre er nie seinem Traum nähergekommen. Jeder Teilerfolg motiviert neu. Aber Sie brauchen den Masterplan, die Blaupause. Und für den Erfolg müssen Sie verdammt gut organisieren.

Logisch, analytisch – so fängt Ihr Wechsel auf die Überholspur an. Nehmen wir das Beispiel des Welttorhüters: Der hatte schon als kleiner Knirps das Ziel, einmal ein ganz Großer zu werden. Deshalb ging er mit seinem Vater, der auch Fußballtrainer war, zum Sportplatz eines Bundesligaklubs in seiner Heimat. Etwas Scheu nahm er am ersten Training teil und sah gleich, dass andere viel besser waren als er. Jeder andere hätte hier sofort die Flinte ins Korn geworfen. Aber unser Knirps organisierte sich einen Plan. Wenn die anderen besser sind, muss ich aufholen. Was denen durch natürliche Begabung in die Wiege gelegt wurde oder ihnen durch ihren Körperbau zugutekam, muss ich durch harte Arbeit aufholen. Also rannte der kleine Knirps Extra-Runden und trainierte heimlich zusätzlich mit seinem Vater. Und siehe da, er erreichte sein erstes Ziel, nämlich Stammspieler in der Knabenmannschaft zu werden.

Er entschloss sich, den harten Job im Tor zu machen. Niederlagen gehen immer aufs Konto des Keepers, Siege heimsen sich dagegen die Stürmer alleine ein. Schnell merkte der Kleine, dass andere besser waren – durch einen kräftigeren Körperbau und durch natürliche Begabung. Und wieder organisierte er sich sein Fortkommen auf der nächsten Etappe, indem er heimlich ins Fitnessstudio ging und seinen Körperbau „aufrüstete" durch echte Quälerei und Schinderei. Er hatte ein Ziel: Stammtorwart in der Jugendmannschaft des Bundesligavereins zu werden. Natürlich braucht man dazu auch etwas Glück, etwa dass sich der Mitkonkurrent verletzt oder den Verein wechselt, dass man gute Förderer hat und ein intaktes Umfeld, das einem als Berater wertvolle Tipps gibt und einem den Rücken stärkt, wenn man mal verloren hat. Um den organisierten Weg in unserem Beispiel abzukürzen: Unser Knirps wechselte in die Amateurmannschaft, kam zu den Profis, wo er schwer zu kämpfen hatte, biss sich aber als Stammtorwart durch. Nun galt es weiterzukommen. Deshalb war der Weg so organisiert, dass er zum besten deutschen Verein wechselte, denn nur da konnte er auf internationaler Spitzenebene noch mehr erreichen: Champions League-Gewinner, bester Torwart Europas, Nationalkeeper, Europa- und Weltmeister, Welttorhüter. Soweit der Plan. Jedes Ziel war in Etappen organisiert, natürlich auch mit Rückschlägen, bitteren Niederlagen, Verletzungen, Pausen. Aber ohne den Plan, ohne Organisation wäre der Knirps nie dahin gekommen. So ist es auch mit der Tennisspielerin, mit dem Boxer, mit dem Internet-Milliardär – ja mit allen Erfolgreichen. Organisation ist alles, Chaos ist nichts.

7. **Selbstbewusstsein**: Als kleine graue Maus werden Sie nicht weit kommen. Vielleicht müssen Sie zuerst einmal an Ihrem Selbstbewusstsein arbeiten, mehr Selbstwert bekommen. Der Selbstwert, den man sich gibt, ist immer das, was man sich selbst wert ist. Wenn Sie sich selbst nur wenig wert sind, können Sie nicht stark um einen Sieg kämpfen. Ihnen fehlt dann nämlich die innere Überzeugung, überhaupt gewinnen zu können. Sie trauen sich nichts zu.

Eine starke Psyche ist Grundvoraussetzung für mehr Selbstvertrauen. Wenn Sie die nicht haben, müssen Sie zuerst hieran arbeiten. Ohne starke Nerven sind Ihre Bemühungen nur halb so viel wert. Psychologen richten professionell angeknackste Nervenkostüme wieder auf. Liegt es nämlich daran, dass Sie auf der Verliererstraße gelandet sind, muss das erst in Ordnung gebracht werden. Wenn Sie Tennisbester werden wollen, schaffen Sie es garantiert nicht mit einer schwachen Psyche.

Noch ein Beispiel: Planen Sie ein Internetbusiness, gehören Niederlagen zur Tagesordnung. Das müssen Sie erst mal wegstecken können – nicht mit schwachen Nerven. Gehen Sie selbstbewusst ran: Ja, die Niederlage hat mich jetzt nicht wirklich um, die stecke ich locker weg, weil sie notwendig auf dem Weg zum Ziel ist. Aus ihr lerne ich noch, wie ich sie in einen Sieg ummünze.

8. **<u>Ziele, Träume, Visionen</u>**: Wer keine Ziele mehr hat, hört auf zu leben. Leider verfallen erfolglose Menschen schnell in Lethargie. Sie geben die Hoffnung und sich früh selbst auf. Ihnen fehlt der Mut zum Weitermachen, der Durchhaltewillen. Das ist weit verbreitet.

Sie müssen selbst brennen, um andere entzünden zu können. Schaffen Sie sich immer neue Ziele. Haben Sie eins erreicht, denken Sie über das nächste nach. Menschen müssen immer brennen, wenn das Feuer nicht mehr lodert, können Sie sich in den Sessel setzen und vor der Flimmerkiste auf Ihr Ende warten.

9. **Durchhaltevermögen**: Wir haben schon von Disziplin gehört, über Steher- und Nehmer-Qualitäten. Sie brauchen nun auch noch das Durchhaltevermögen eines Marathonläufers. Warum? Weil so viele Leute Ihnen reinreden und Sie vom Pfad der Tugend abbringen wollen, sei es aus Neid oder weil sie selbst nicht an Ihren Erfolg glauben.

Ein Beispiel dazu: Die halten auf dem Ergometer garantiert nicht durch, wenn Sie ständig auf die Uhr schauen. Dann wird jede Minute zur Tonnenlast. Wissen Sie, wie Sie Ausdauer-Training am besten schaffen? An etwas ganz anderes denken, etwa sich in Gedanken einen Tagesplan konstruieren, eine große Rede halten, sich 30 Minuten lang nur auf Englisch oder Spanisch mit sich selbst unterhalten, schwierige Kopfrechnen-Aufgaben lösen oder einfach nur ständig von eins bis hundert zählen. Dann vergeht die Zeit wie im Flug. Konzentrieren Sie sich auf ein Gedicht, das Sie schreiben wollen; malen Sie sich aus, was Sie sich für eine Million Euro kaufen würden. Träumen Sie einen Traum, und wenn es eine wilde Sex-Orgie ist.

Es ist doch logisch, dass ich schlappmache, wenn ich beim Fahrradfahren auf die Uhr schaue. Was meinen Sie, wie schwer Ihre Beine werden, da sind Sekunden plötzlich Stunden und kein Weiterkommen. Auf Ihr Ziel nun übertragen bedeutet das, fixieren Sie sich nicht allzu verbissen, sondern lenken Sie sich mit wunderschönen Dingen ab, ohne das Ziel aus dem Auge zu verlieren; das läuft so nebenbei mit.

10. **Durchsetzungskraft (und Durchsetzungsfähigkeit)**:

Setzen Sie sich gegen alle Wiederstände durch. Da sind die Freunde, die Sie davon abbringen wollen. Natürlich gibt es Rückschläge. Manche Etappen sind besonders hart, da müssen Sie durch. Lassen Sie sich nicht unterkriegen. Beharren Sie auf Ihren Zielen.

Da Durchsetzungsfähigkeit eine typisch männliche Eigenschaft ist, haben es Frauen hier vor allem im Geschäftsleben besonders schwer. Sie müssen diese Eigenschaft bei den Männern abkupfern. Und oft kommt da ein ganz übler Genosse, der innere Schweinehund, der Ihnen kurz vor der Ziellinie einredet: Die Beine sind schwer und schaffen keinen Meter mehr; der Kopf will nicht mehr; das Ziel ist sowieso unerreichbar und so weiter. Das sind die kleinen Teufel, die Ihren Erfolg um alles in der Welt verhindern möchten. Hier gilt das gleiche wie oben: Nicht daran denken, weitermachen, sich ablenken, auf die Zähne beißen. Setzen Sie sich durch. Sie sind so weit marschiert, also werden Sie auch die läppischen letzten Meter noch schaffen.

11. Kampfgeist:

Auch eine typisch männliche Eigenschaft, die Frauen lernen müssen, wenn sie z.B. gegenüber Männern im Wirtschaftsleben bestehen wollen. Männer sehen das eher sportlich. Sie sind wie Hähne im Ring und gehen aggressiv aufeinander los (manchmal auch wie eitle Gockel). Aber mit Kampfgeist stechen sie andere aus, haben sie einen Vorteil, gewinnen sie leichter. Männer suchen den Wettkampf, wollen sich mit anderen messen und lieben zu gewinnen. An diesen männlichen Führungsqualitäten kann man sich einiges abschauen. Kampfgeist gehört deshalb unbedingt dazu, wenn man kein Loser mehr sein will. Und er ist ja auch nicht grundsätzlich schlecht. Manchmal hilft es, wenn man in der Jugend Leistungssport betrieben hat. Auch da lernt man Kampfgeist.

12. **Fleiß**: Ohne Fleiß kein Preis oder ohne Anstrengung keinen Pokal oder ohne Einsatz keinen Erfolg. Wer erfolgreich sein will, muss sich anstrengen und einsetzen, manchmal sogar länger arbeiten als acht Stunden. Das kann auch Nachtarbeiten bedeuten, darauf muss man sich einstellen. Wer gewinnen will, muss fleißig sein. Wer es dann geschafft hat, kann dann auch mal die Fünf gerade sein lassen und sich in der Hängematte ausruhen.

Siege fallen nicht vom Himmel. Wer nicht die Power hat für Fleiß und Einsatz, sollte sich mit wenig begnügen. Es gibt ja durchaus solche Menschen, die nicht ehrgeizig sind. Man sagt den Menschen in manchen südamerikanischen Ländern beispielsweise nach, sie hätten kaum Ehrgeiz und würden sich mit dem begnügen, was sie haben, ohne neidisch auf den zu sein, der vielleicht mehr hat. Das ist auch eine Lebenseinstellung. Dann brauche ich auch nicht fleißig zu sein, habe aber auch nicht viel vom Leben zu erwarten.

13. **Einsatzwillen**: Hängt eng mit Fleiß, Zeit und Durchhaltevermögen zusammen. Wo der Wille fehlt, ist Hopfen und Malz verloren, sagt der Bayer. Wer nicht will, den brauche ich gar nicht erst zu zwingen. Das ist wie Eulen nach Athen tragen, Gold nach Fort Knox bringen oder Reis nach Thailand exportieren. Vertane Liebesmühe. Das können Sie gleich vergessen. Wer brennen will, muss Willen haben, der muss es wollen. Wem Einsatz zu lästig ist, dem sagen Sie bitte sofort: Lass es! Einsatzwillen hat auch etwas mit sich schinden zu tun, Schweiß und Tränen müssen fließen. Heute will sich leider kaum noch jemand echt schinden. Doch wer Visionen erreichen will, muss Arbeit auf sich nehmen. Die gebratenen Tauben fliegen einem nicht in den Mund.

14. **Zeit**: Zeit müssen Sie mindestens investieren, wenn Sie schon kein Geld haben. Wovon sonst sollte der Erfolg kommen? Und Sie brauchen am Anfang sehr viel Zeit, denn Sie wollen doch die Verliererstraße verlassen. Also setzen Sie sich mit Ihrem Ziel intensiv auseinander, beschäftigen Sie sich mit allen Facetten – ja mit Haut und Haaren. Ordnen Sie alles dem einen Ziel unter, das Sie erreichen möchten. Das Ziel ist der Weg. Den müssen Sie konsequent gehen, und das kann durchaus die eine oder andere Überstunde bedeuten. Seien Sie so besessen davon, dass Zeit keine Rolle mehr spielt. Schlaf ist purer Luxus, der stört doch nur am Erreichen des Ziels. Sie müssen so brennen, dass Sie es kaum erwarten können aufzustehen.

15. **Verbissenheit**: Seien Sie auch ein

Stück verbissen, denn das unterscheidet Sie von anderen. Mit Verbissenheit haben Sie genau das Stückchen mehr gegenüber Ihren Konkurrenten. So stechen Sie Mitbewerber aus. Beißen Sie sich in Ihrem neuen Projekt fest. Man muss Ihnen schon im Gesicht ansehen, dass Sie zubeißen wollen. Auch wenn es vielleicht für andere zu verbissen wirkt, aber das interessiert keinen, denn Sie wollen ja nicht mehr als Loser angesehen werden. Und den Verlierertypen sieht man eben auch an, dass sie neben der Spur liegen. Ist doch besser, als verbissener Siegertyp erkannt zu werden als den Loser herzugeben. Eine Portion Verbissenheit hat noch einen weiteren Vorteil: Sind kennen Ihr Ziel und lassen sich davon nicht abbringen. Keiner kann Sie so leicht vom Kurs abbringen, denn er sollte sich vor Ihrer Verbissenheit fürchten.

16. **<u>Gelassenheit</u>:** Es scheint im ersten Moment im Widerspruch zur Verbissenheit zu stehen, aber in entscheidenden Momenten brauchen Sie eben auch ein Stück Gelassenheit. Lassen Sie anderen Mal den Vortritt, fighten Sie nicht um jede Kleinigkeit, konzentrieren Sie sich auf Ihr großes Ziel. Manchmal erreicht man mit einem Schuss Gelassenheit mehr als mit Kampf. Die Gelassenheit verwirrt Ihre Mitbewerber, irritiert sie, macht sie unsicher, was wiederum Ihnen zugutekommt. Gelassenheit demonstriert Überlegenheit, denn Sie wissen genau, was Sie wollen und wie Sie es erreichen. Souveränität und Gönnerhaftigkeit sprechen aus Ihrer Gelassenheit, dazu innere Ruhe, keine Hektik, kein blinder Aktionismus – alles Eigenschaften, die Sie wieder zum Siegertypen machen und den Loser abstreifen lassen.

17. **<u>Coolness</u>**: Bleiben Sie stets cool und lassen sich nicht aus der Ruhe bringen. Denn wer sich aus der Ruhe bringen lässt, macht Fehler. Sie werden hektisch, nervös, unberechenbar – und dann treffen Sie falsche Entscheidungen. Sie haben ein Ziel; dafür müssen Sie alles tun, also auch mit disziplinierter Coolness auftreten. Beherrschen Sie sich, wenn Sie wieder mal ein Gefühlsausbruch ergreifen sollte. Haben Sie sich unter Kontrolle und unterdrücken Sie Ihre Emotionen. Das bringt nichts, aus der Haut zu fahren oder einen cholerischen Anfall zu bekommen. „Stay cool – stay away from problems" – Bleiben Sie gelassen (bleib ruhig) und halten Sie sich von Problemen fern, gehen Sie ihnen geschickt aus dem Weg. Lassen Sie sich nicht wegen jeder Kleinigkeit provozieren. Setzen Sie ein Lächeln dagegen; das irritiert Ihre Gegner mehr als wenn Sie sich erregt mit ihnen auseinandersetzen würden. In allen Lebenslagen cool zu bleiben, ist ein Garant dafür, vom Verlierer zum Sieger zu werden. Verlierer sind nämlich uncool; das sind genau die immer negativ denkenden Zeitgenossen, die leicht aus der Haut fahren und sich damit immer nur noch weiter reinreißen in ihr Loserleben.

18. __Mut und Risiko__: Um erfolgreich als Sieger zu überleben, brauchen Sie auch ein Stück Risiko. Wer nicht wagt, der nicht gewinnt – das trifft hier voll zu. Sie müssen Außergewöhnliches wagen, Mut haben, Trampelpfade verlassen und durchs Gebüsch gehen, Abkürzungen zum Erfolg finden. Wenn ich immer nur den Weg gehe, den auch marschieren, kann ich nicht besser sein als sie. Also muss ich auch mal waghalsige Abzweigungen nehmen und die bequeme Spur verlassen, um besser zu sein als andere. Man muss im Leben Risiko auch manchmal eingehen – auch auf die Gefahr hin, dass man hinfällt. Aber Sie wissen ja: Wieder aufstehen, analysieren und besser machen. Oder wollen Sie etwa ständig die kleine graue Maus bleiben, die ängstlich an der Mauer entlang schleicht? Das kann doch nicht Ihr Ziel sein! Loser denken so, nur kein Risiko eingehen, nein keinen Mut zeigen. Aber dann können Sie auch gleich so leben wie bisher und brauchen nicht die Tipps aus diesem Buch. Sie wollen jedoch den Loser ablegen und Siegertyp werden, dann müssen Sie auch manchmal mutige Entscheidungen treffen. Wer kein Risiko eingeht, erlebt nie einen Sieg, bringt sich allein schon um dieses Erlebnis. Also, nur Mut!

19. **Bodenhaftung**: Die große Gefahr ist, dass Sie gleich bei Ihrem ersten Sieg abheben und vergessen, woher Sie gekommen sind. Sie sind so euphorisch, weil Sie zum ersten Mal in Ihrem Leben groß gewonnen haben. Beispiel Lottogewinn: So mancher haut dann gleich über die Stränge und hat wenig von seinem Geld, weil er nicht damit umgehen kann und alles zum Fenster rauswirft. Oder nehmen Sie den ersten Erfolg im Internet-Business. Da denken doch manche, sie seien schon über dem Berg und setzen sich gleich zur Ruhe. Dann erst merken Sie, dass Internet ständiges Arbeiten bedeutet, immer am Ball bleiben, weil sich fast täglich so viel ändert.

Wer sich im Web nach einem Erfolg auf die faule Haut legt, wird sich wundern. Man ist genauso schnell wieder weg vom Fenster wie man dorthin gekommen ist. Behalten Sie deshalb immer Ihre Bodenhaftung. Erinnern Sie sich daran, dass Sie als Loser geboren waren, und wie der Saulus nicht gleich zum Paulus wird, werden Sie auch nicht vom Loser zum Gewinner. Bleiben Sie auf dem Teppich und bescheiden. Genießen Sie Ihren Erfolg und bilden Rücklagen für Notfälle.

Geben Sie nicht alles gleich wieder aus. Viele Geschäftsleute nehmen auch brutto gleich netto, also meinen, alle Einnahmen seien Gewinn. Ja, Sie werden vielleicht lachen, aber so denken manche Leute. Dass sie aus der Kasse Strom, Gas und Wasser bezahlen müssen, Miete und Warennachschub, Gehälter und Versand, kommt ihnen erst dann in den Sinn, wenn Einnahmen geplündert sind und nicht mehr ausreichen, um die laufenden Kosten zu begleichen. Also Vorsicht, bewahren Sie sich den Gedanken daran, aus welchen Verhältnissen Sie stammen. Glauben Sie nicht, weil Sie jetzt ein paar Euro eingenommen haben, dass Sie gleich unter die Millionäre geraten sind.

20. Gute Ratgeber und Förderer:

Die Beispiele berühmter Sportler beweisen, dass wir immer auch gute Berater brauchen und solche Leute, die uns vertrauen, in uns investieren, uns fördern. Auf dem Weg zum Ziel sind Menschen wichtig, die einen in der Niederlage auffangen, Halt geben, Mut zusprechen, gemeinsam analysieren und wiederaufbauen. Stellen Sie sich vor, Sie haben als Torwart in der letzten Minute einen haltbaren Ball nicht bekommen und Ihr Team hat dadurch einen wichtigen und sicher geglaubten Titel verpasst. Wenn Sie jetzt niemand stützt, sind Sie der einsamste Mensch auf der Welt, tieftraurig, deprimiert und völlig allein gelassen. Jetzt sind Ratgeber wichtig, die Sie wieder aufrüsten. Das soll um Gottes willen jetzt kein Schmusekurs werden, keine Schleimerei, kein Blabla und Wischiwaschi, sondern ehrliche Analyse, aber auch den Blick von außen ermöglichen. Wir sehen ja in der Niederlage sowieso alles sehr persönlich und verteufeln uns selbst am meisten. Aber ein Außenstehender hat einen ganz anderen Blick, sieht die Niederlage in einer Verkettung unglücklicher Umstände und auch im Fehlverhalten anderer. Wir haben die so genannte Draufsicht, während der Keeper nur das Geschehen vor ihm hat. So sind wir in der Lage, ein objektives Urteil zu fällen und den Gestrandeten wiederaufzurichten. Natürlich sind auch Förderer zur rechten Zeit am rechten Platz sehr wichtig. Sie brauchen Menschen, die Ihr Potential erkennen und bereit sind, in Sie zu investieren. Wie es dem Tennisstar von einst passierte. Da hatte jemand mit viel Kohle ein Gespür dafür, dass aus dem Rohdiamanten ein wertvoller Brillant zu schleifen ist. Oder nehmen Sie den Vater der Spitzen-Tennisspielerin, der von seiner Tochter überzeugt war und alles in sie hinein investierte, bis sie Weltbeste war. Betrachten wir den Formel 1-Weltmeister, dessen Vater eine eigene Kartbahn baute, damit sein Sohn früh trainieren konnte. Es gibt so viele Beispiele von Förderern und Sponsoren mit dem Instinkt für Erfolg. Sie brauchen auf Ihrem Weg in die Gewinner-Spur genau diese Menschen an Ihrer Seite.

21. **Glück**: Ohne Glück geht gar nichts.

Bauen Sie Ihren Erfolg niemals auf Glück auf, das wäre brüchig. Sie setzen ja bei Ihrem Hausbau auch nicht auf den Lottogewinn, sondern machen mit Ihrer Bank eine solide Finanzplanung. Nehmen Sie das Glück einfach mit, dass Ihnen zufällt - von mir aus als angenehmen Begleiter, als Zufall, denn Glück ist nicht planbar; es kommt, und es geht auch wieder. Glück ist keine Lebensversicherung. Betrachten Sie es unter dem Gesichtspunkt des Mitnahmeeffekts, wenn es kommt, greifen Sie es einfach ab. Lassen Sie es nie einfach nur liegen.

22. **Emotionen**: Hierbei geht der Gedanke in zwei Richtungen: Sie müssen Emotion für Ihr Projekt „Zurück auf die Gewinnerstraße" entwickeln und mit vollem Herzen dabei sein. Sie müssen aber auch Ihre Emotionen zügeln, wenn es beispielsweise darum geht, sich von Ihrer Partnerin/Ihrem Partner zu trennen. Haben Sie also Ihre Emotionen dann unter Kontrolle. Genauso sind es die Emotionen am Arbeitsplatz. Hier ist klarer Verstand wichtiger, als in manchen Situationen emotional zu reagieren. Zurück zu Ersterem: Hier hat Emotion viel mit Leidenschaft zu tun. Identifizieren Sie sich voll mit Ihrem Ziel, seien Sie emotional verbunden damit, denn das ist der beste Weg zum Erfolg. Man sagt so schön: ein Herz und eine Seele. Ja, genauso ist es. Seien Sie mit Ihrem Projekt verbunden wie mit Ihrer Frau oder Ihrem Mann. Es ist Ihr Kind. So verlassen Sie das Verlierer-Leben am leichtesten. Ja, manchmal ist es leider auch so, dass Menschen sagen: Ich kann mir im Moment keine Freundin oder keinen Freund leisten, weil ich zu sehr mit meinem Ziel oder Business beschäftigt bin. Hier ist Eifer und Zielstrebigkeit eng mit Emotion verknüpft. Wer so denkt und handelt, liegt im Sinne seiner Gewinner-Mentalität richtig.

23. **Talent:** Ein gewisses Talent brauchen Sie eben auch, zumindest ist es förderlich. Wer völlig untalentiert ist (und dann auch unmotiviert), kann es nicht schaffen. Kühne Behauptung: Talent hat jeder. Man kann sich niemanden ohne Hobbys und Interessen vorstellen. Unter Umständen muss man alte Schätze heben und Hobbys auffrischen. Jedenfalls braucht man unbedingt Talent, um Gewinner zu werden.

SCHLUSSWORT

Es ist heute so leicht, auf die Überholspur zu wechseln. Sie haben viele Möglichkeiten, Ihr Leben neu in die Hand zu nehmen. Größte Hürde ist dabei Ihre eigene Persönlichkeit: Wie sind Sie gestrickt?

Welche Wertvorstellungen haben? Wie definieren Sie für sich Erfolg und Niederlage? Sieg ist immer relativ. Hier müssen Sie zu Ihrem individuellen Weg finden, den gibt's leider in keinem Lehrbuch. Ihr Leben ist nicht als Loser vorgegeben. Sie sind dorthin gekommen, weil Sie vielleicht Pech hatten oder falsche Freunde und Flops einstecken mussten. Aber wie heißt es so schön? Nicht ist endgültig.

Auch Sie können die Verliererstraße wieder verlassen und sich mit den richtigen Erfolgsstrategien zurück auf die Erfolgsspur katapultieren.

Dieses Ratgeberbuch hat Ihnen dazu hoffentlich wichtige Denkanstöße geliefert und Sie motiviert, Ihr Leben in die eigene Hand zu nehmen. Denn das ist der nächste und wichtigste Schritt – damit es sich wirklich „ausgefloppt" hat in Ihrem Leben!

Viel Erfolg auf der Überholspur des Lebens!

DOWNLOAD AUDIOGUIDE

Lassen Sie Ihr Ratgeber-Buch sprechen!

Lassen Sie Ihren Ratgeber jetzt per Audioguide sprechen.

Ein Audioguide ist eine Art Hörbuch. Anders als bei Hörbüchern dient dieser Audioguide-Service jedoch nicht der Unterhaltung, sondern der reinen Informationsübermittlung, ähnlich wie das beispielsweise von akustischen Sprachführern in Museen bekannt ist.

Aus diesem Grund hören Sie in diesem Audioguide auch keine natürliche, sondern eine synthetische Stimme, die mit neuester hochentwickelter Sprachsynthese-Technologie realisiert wurde.

Anwendungstipps:

 Sie können die Problemlösungs-Inhalte anhören und dadurch viel Zeit sparen. Hören Sie diesen Audioguide zum Beispiel unterwegs, während der Autofahrt. Oder per Smartphone im Bus auf dem Weg zur Arbeit. Oder beim Arzt im Wartezimmer. Sie können auch anderen Tätigkeiten nachgehen, während Sie den Audioguide anhören, wie zum Beispiel Küchen- und Gartenarbeit. Oder einfach nur auf dem Sofa relaxen!

Zum Download kommen Sie über eine kurze Mail an info@joewi.online

Ich sende Ihnen den Link, wenn Sie mir eine Kopie/Foto Ihres Kaufnachweises zumailen.

DER AUTOR

Jörg Willems (*1964) in Geldern, Kreis Kleve geboren, wuchs in Geldern auf und kehrte 2004 nach einer "Rundreise" durch die Bundesrepublik Deutschland zurück nach Geldern. Er hat Ausbildungen im kaufmännischen Bereich, in der Krankenpflege, sowie im Rettungsdienst und im Medienbereich. Des Weiteren ist er auch IHK-geprüfter Ausbilder.

Er fungierte bisher bei mehr als 40 Fachbüchern in der Krankenpflege und im Rettungsdienst als Allein-Herausgeber und seit 2009 als Co-Herausgeber und Fachbuchautor im Rettungsdienstbereich des Elsevier-Verlages und JÖWI-Verlages.

Jörg Willems ist Mitglied des Deutschen Fachjournalisten-Verbandes (DFJV), der European-Press-Association und der GNS Press, u.a. in den Fachbereichen Rettungsdienst und Krankenpflege, sowie Presse- und Verlagswesen.

WEITERE PROJEKTE DES AUTORS:

www.plr-artikel24.de

Jöwi's-Ratgeber

Hochwertige und aktuelle Ratgeber E-Books zum Sofort-Download!

www.joewis-ratgeber.de